2판 2쇄 발행 2021년 6월 1일

글쓴이	김주희
그린이	김규준

펴낸이	이경민
펴낸곳	㈜동아엠앤비
출판등록	2014년 3월 28일(제25100-2014-000025호)
주소	(03737) 서울특별시 서대문구 충정로 35-17 인촌빌딩 1층
전화	(편집) 02-392-6901 (마케팅) 02-392-6900
팩스	02-392-6902
전자우편	damnb0401@naver.com
SNS	

ISBN 979-11-6363-275-7 (74400)

※ 책 가격은 뒤표지에 있습니다.
※ 잘못된 책은 바꿔 드립니다.

초등 융합 사회과학 토론왕 시리즈의 출판 브랜드명을 과학동아북스에서 뭉치로 변경합니다.
도서출판 뭉치는 ㈜동아엠앤비의 어린이 출판 브랜드로, 아이들의 지식을 단단하게 만들어 주고, 아이들의 창의력과 사고력을 키워 주어 우리 자녀들이 융합형 창의 사고뭉치로 성장할 수 있도록 좋은 책을 만들겠습니다.

펴내는 글

유전자 조작 식품을 먹어도 안전할까?
우리나라 음식을 세계화 시키기 위해 어떤 노력이 필요할까?

    선생님의 질문에 교실은 일순간 조용해지기 시작합니다. 인내심이 한계에 다다른 선생님께서 콕 집어 누군가의 이름을 부르는 순간 내가 걸리지 않았다는 안도감에 금세 평온을 되찾지요. 많은 사람 앞에서 어떻게 말을 해야 할까 고민 한번 해 보지 않은 사람은 없을 겁니다.

    사람들 앞에서 자신의 생각을 조리 있게 전달하는 기술은 국어 수업 시간에만 필요한 것이 아닙니다. 학교 교실뿐만 아니라 상급 학교 면접 자리 또는 성인이 된 후 회의에서도 자신의 의견을 분명히 표현할 수 있어야 합니다. 하지만 어디서부터 시작해야 할지 몰라 입을 떼는 일이 쉽지 않습니다. 혀끝에서 맴돌다 삼켜 버리는 일도 종종 있습니다. 얼떨결에 한마디 말을 하게 되더라도 뭔가 부족한 설명에 왠지 아쉬움이 들 때도 많습니다.

    논리적 사고 과정과 순발력까지 필요로 하는 토론장에서 자신만의 목소리를 내려면 풍부한 배경지식은 기본입니다. 게다가 고학년으로 올라가서 배우는 수업과 진학 시험에서의 논술은 교과서 속의 내용만을 요구하지 않습니다. 또한 상대의 의견을 받아들이거나 비판하기 위해서도 의견의 타당성과 높은 수준의 가치 판단을 해야 하는 경우가 많은데, 자신의 입장을 분명히 하기 위해선 풍부한 자료와 논거가 필요합니다.

    토론왕 시리즈는 사회에서 일어나는 다양한 사건과 시사 상식 그리고 해마다

반복되는 화젯거리 등을 초등학교 수준에서 학습하고 자신의 말로 표현할 수 있도록 기획되었습니다. 체계적이고 널리 인정받은 여러 콘텐츠를 수집해 정리하였고, 전문 작가들이 학생들의 발달 상황에 맞게 스토리를 구성하였습니다. 개별적으로 만들어진 교과서에서는 접할 수 없는 구성으로 주제와 내용을 엮어 어린 독자들이 과학적 사고뿐만 아니라 문제 해결력, 비판적 사고력을 두루 경험할 수 있도록 하였습니다. 폭넓은 정보를 서로 연결 지어 설명함으로써 교과별로 조각나 있는 지식을 엮어 배경지식을 보다 탄탄하게 만들어 줍니다. 뿐만 아니라 국어를 기본으로 과학에서부터 역사, 지리, 사회, 예술에 이르기까지 상식과 사회에 대한 감각을 익히고 세상을 올바르게 바라보는 눈도 갖게 할 것입니다.

『과학 Cook! 문화 Cook! 음식의 세계』는 집에 혼자 남아 집을 보던 희지가 텔레비전 속으로 들어가면서 시작됩니다. 희지를 텔레비전으로 불러들인 사람은 어린이들에게 좋은 음식을 만드는 법을 알려주는 지글보글 마녀였어요. 지글보글 마녀와 함께 영양소 이야기, 세계 여러 나라의 음식, 음식과 환경의 관계에 대해 알아보게 됩니다. 이 책을 읽은 어린이 독자들이 음식 속에 숨겨진 과학과 문화에 대해 정확한 정보를 얻고 관련 주제의 토론에서 자신 있게 말할 수 있기를 기대해 봅니다.

편집부

차례

펴내는 글·4
마녀 주스의 비밀·8
프롤로그·10

 **1장 내 몸은 소중하니까, 영양소 · 15**

마녀, 호닛 등장
영양소를 알려줌

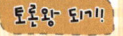 김치와 비빔밥의 세계화

 **2장 불의 발견, 요리의 발전 · 41**

식은 고기를 맛보다
식민의 역사, 베트남 쌀국수
꿩 먹고 달팽이도 먹고
한 조각 떼어 주고 싶어, 에티오피아 인제라

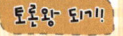 개고기를 먹어도 되는 걸까?

3장 음식과 문화 그들의 관계 · 65

남편 마법사 로그 등장

종교와 음식이 관계가 있을까?

토론왕 되기! 국물, 내 안에 MSG있다

4장 좋은 환경은 좋은 음식을 만든다 · 89

아이스크림, 저도 참 좋아하는데요

우리는 무엇을 먹어야 하지?

나는 굶는데, 음식이 버려진다고?

토론왕 되기! 유전자 조작 식품 먹어도 될까?

에필로그 · 112

음식 관련 사이트 · 117

어려운 용어를 파헤치자! · 118

신나는 토론을 위한 맞춤 가이드 · 120

마녀 주스의 비밀

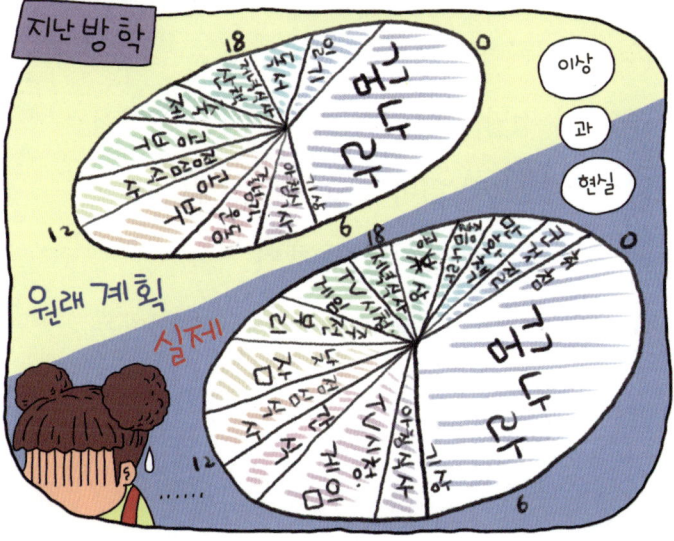

🍔 프롤로그

오늘 점심때 서영이 엄마가 햄버거를 사 주셨어. 서영이는 같은 아파트에 사는 친군데, 이번에 또 올백을 맞았다고 아줌마께서 한턱 내시는 거였지. 서영이는 편식도 심하고 밥도 잘 안 먹는데, 공부는 항상 1등인 아이야.

"난 잘 먹고 튼튼한 아이가 좋더라. 공부만 잘하면 뭐해? 먹는 걸로 엄마 속을 썩이는데! 우리 서영이는 통 먹질 않아."

서영이 엄마의 말씀에 의하면 난 정말 착한 딸인 거지. 나는 서영이가 남긴 햄버거까지 다 먹어 버렸어. 그때 엄마의 표정을 살폈어야 했는데……. 입에서 살살 녹는 햄버거 때문에 눈치를 못 챘던 거야.

내 이름은 도희지. 초등학교 4학년이야. 먹성 좋은 나 때문에 엄마는

늘 불만이시지만 세상에 맛있는 게 너무 많은 걸 어쩌라고. 점심 때 햄버거를 잔뜩 먹었으니 저녁은 마녀 주스로 때우라며 엄마는 날 남겨둔 채 아빠와 함께 동생만 데리고 사촌동생의 돌잔치에 가셨어.

집에 혼자 남은 나는 문제집을 펼쳤지만 도통 문제가 머리에 들어오지 않았어. 처음에는 화가 나서 그랬고, 다음에는 혼자 집에 있는 것이 무서워서 그랬고, 나중에는 배가 고파서 그랬어.

마녀 주스!

내가 제일 싫어하는 토마토와 브로콜리, 삶으면 냄새가 지독한 양배추와 당근, 여기에 사과와 바나나를 넣고 푹푹 삶아서 갈아서 만든 게 바로 마녀 주스야. 이걸 먹으면 변비에도 좋고 포만감이 있어 밥을 덜

프롤로그

먹으니 살이 빠진다나? 차라리 사과와 바나나만 갈아 주면 잘 먹을 텐데. 저걸 굳이 삶아서 갈아 놓으니 음식물 쓰레기 같기도 하고, 맛도 괴상망측하다니까. 이걸 아침저녁으로 먹어야 한다니……. 앞날이 캄캄해. 흑흑.

나는 문제집을 탁 덮어 버렸어. 배가 너무 고파서 견딜 수가 없었거든. 마녀 주스라도 마셔야 할 것 같았어. 하지만 주스 잔을 입에 대는 순간 이상한 냄새가 코를 찔러서 도저히 먹을 수가 없는 거야. 나는 엄마가 과자를 넣어 두시는 찬장을 뒤졌지만 과자는 하나도 없었지. 다른 곳에 감춰 두신 게 분명해.

"발견!"

우연히 베란다 창고 안에서 라면 상자를 찾았지 뭐야. 나는 라면 한 봉지를 꺼내어 주먹으로 꽝 내리치고 잘게 부수었지. 거기에 라면 스프를 살살 뿌려 입에 쏙 넣었어.

"음, 좋아. 환상의 맛!"

조금 전만 해도 엄마 아빠가 안 계시는 집이 무서웠는데, 이렇게 생라면 한 봉지를 맘껏 먹으니 오히려 자유롭고 좋았어.

라면을 먹으면서 나는 텔레비전을 켰어. 뉴스, 스포츠, 드라마, 다큐멘터리, 바둑, 낚시, 요리, 요가……. 아무리 채널을 돌려도 만화가 안 나오는 거야. 엄마가 만화 채널을 모두 잠그고 나가셨나 봐.

"역시 우리 엄마는 완벽해. 나를 어떻게 이렇게 잘 알지?"

여기저기 채널을 돌리고, 돌리고 또 돌려도 같은 프로그램뿐이었지.

치~이이익.

"어? 왜 이러지?"

갑자기 텔레비전이 치익, 거리며 화면에 아무것도 나오지 않는 거야. 아무리 텔레비전을 껐다 켜도 마찬가지였어.

"고장 났나? 큰일났다. 엄마가 아시면 나는 이제……."

나는 여기저기 채널을 돌렸지만 텔레비전은 여전히 치직치직거릴 뿐이었어.

그러다 갑자기 펑 소리가 나더니 화면이 나오는 거야.

1장
내 몸은 소중하니까, 영양소

🍔 마녀, 호닛 등장

"휴, 다행이다. 고장 난 건 아니었어."
텔레비전 화면에는 마녀 복장의 아줌마가 요리를 하고 있었어.
"안녕? 난 마녀 호닛이란다."
"에잇! 뭐야? 또 그놈의 마녀 주스야?"
채널을 돌렸지만 그나마 나오던 뉴스나 스포츠 채널까지 나오지 않는거야. 나는 어쩔 수 없이 마녀가 나오는 채널을 보기로 했어.
"안녕? 난 마녀 호닛이란다."
"뭐야? 마녀 옷을 입은 아줌마가 마녀 주슨지 마녀 수픈지 다이어트 요리 강의라도 하는 건가? 그런데 왜 다른 채널은 안 나오지? 이거 진짜 고장난 거 아니야?"

"텔레비전은 멀쩡해, 그리고 난 진짜 마녀고. 내 말 좀 들어 보라니까."

"뭐야? 지금 내 말에 대답한 거야? 혹시 진짜 마녀?"

나는 믿을 수 없었지만 혹시나 하는 마음에 텔레비전 화면에 얼굴을 갖다 대고 안을 들여다보았어. 얼마나 열심히 들여다봤는지 내가 사랑하는 라면이 방바닥에 주르륵 쏟아지는 것도 몰랐다니까.

"정말 마녀야?"

화면을 계속 들여다보니, 마녀가 진짜로 있는 것 같은 착각이 들었어.

"그래, 진짜 마녀다!"

"악!"

나는 너무 놀라 뒤로 자빠질 뻔했지. 뒤로 넘어지려는 나를 마녀가 잡아당겼어. 그리고 나는…… 글쎄, 내가 텔레비전 안으로 쑤욱 빨려 들어갔지 뭐야?

"어? 어?"

나는 눈을 동그랗게 뜨고 주위를 살펴보았어. 온갖 조리도구들이 잘 갖추어진 부엌이었어. 그리고 진짜 마녀가 있었지. 화면에서 보던 바로 그곳에, 그 마녀가 서 있는 거야.

"놀랐니? 놀랐을 거다. 호호호."

놀란 나는 그저 고개만 끄덕끄덕.

"여긴 내 주방이야. 아까도 말했지만 내 이름은 호닛이고. 다른 사람들이나 마녀들은 날 지글보글 마녀 호닛이라고 부른단다. 그냥 간단하게 마녀님이라고 부르렴."

"전…… 저는……."

나는 입이 잘 떨어지지 않았어. 가슴이 콩닥콩닥 뛰고, 꿈인지 생신지도 잘 모르겠는데, 말이 제대로 나올 리가 없잖아?

"그래, 너는 이름은 뭐니?"

마녀가 가까이 다가왔어. 인상이 나빠 보이지는 않았지만, 그래도 마녀라고 하니까 왠지 조심해야 할 것 같았어.

"무서워하지 않아도 돼. 그런데 얘야, 입가에 라면 부스러기 좀 털지 그랬니."

마녀가 내 입술 주위를 살살 털어 주었어. 생각보다 손길이 부드러워서 조금 놀랐지.

"네 이름은 뭐냐니까?"

"도희지요!"

나는 빠르게 대답하며 두 걸음 뒤로 물러섰어.

"뭐? 도…… 돼지?"

마녀는 뭐가 우스운지 깔깔깔 웃어댔어.

"아니요! 도. 희. 지!"

"도 씨? 특이한 성이구나."

"도 씨가 뭐가 희한해요. 우리 반엔 팽 씨도 있고, 석 씨도 있다고요!"

나는 왠지 놀림을 받는 것 같아 기분이 나빴어. 사실, 학교 친구들이 날 '돼지'라고 놀려서 내가 그 말에 굉장히 예민하거든. 마녀도 그걸 알고 있었던 걸까?

"빛날 희(熙), 지혜 지(智)! 빛나고 지혜로운 사람이 되라고 우리 아빠가 지어 주신 이름이라고요."

"알았다, 알았어! 하지만 빨리 말하면 돼지라고 들릴 것인데? 혹시 네 별명이 돼지는 아니니? 호호호."

"마녀님 이름은 뭐 얼마나 좋은 이름이라고요."

내가 삐죽거리며 말하자 마녀는 나를 달래듯이 말했어.

"그래, 내 이름 호닛hornit은 말벌 혹은 호박벌이란 뜻이야. 그래서 나도 어릴 때 놀림 좀 받았지. 호닛에는 심술쟁이라는 뜻도 있거든. 그래서 그랬는지, 내가 소싯적에는 재미나게 노는 아이들을 보면 심술 깨나 부렸지."

"어떤 심술을 부렸는데요?"

"장난감을 선물 받고 신이 난 아이들에게 마법 수프를 먹여서 장난감을 부수게 만들고, 심부름을 잘하는 아이들에게 마법 쿠키를 먹여서 심부름 안 하고, 어른들 말을 안 듣게 만들었지. 또 책을 많이 읽는 아이에게는 마법 파이를 먹여 놀기 좋아하게 만들고 말이야."

"심술쟁이! 너무했어요!"

그렇게 말했지만 사실은 재미있어서 웃음이 났어.

"내가 계속 심술을 부리니까 마녀위원회가 나의 능력 중에 심술 마법을 빼앗아 버렸단다. 그래서 이제는 아이들이 내 음식을 먹어도 심술을 부리지 않아. 내 마법이 듣지 않는 거야."

마녀가 두 손으로 얼굴을 감싸더니 슬픈 목소리로 말했어.

"너무 슬프지 않니? 나를 위로해 주렴. 그렇지 않으면 나는 절망의 세숫대야에 얼굴을 담그고 말거야."

"에이, 마녀님, 별로 무거운 벌도 아닌 것 같은데요? 마녀님이 잘못하신 거잖아요. 게다가 심술 마법만 뺏은 거니까 좋은 마법만 부리시면 되고 더 좋은 거 아니예요?"

이야기를 나누다 보니 어쩐지 마녀가 재미있는 사람이라는 생각이 들었어. 귀여운 면도 있는 것 같고 말이야.

"그건 그래. 아무튼 나는 지식과 지혜가 뛰어난 마녀의 명예를 떨어뜨렸다고 마녀위원회의 벌을 받았지. 내가 수프 하나는 기가 막히게 잘 끓이거든. 그래서 아이들에게 이로운 음식을 만드는 법을 가르치라는 벌을 받게 된 거야. 평생 요리를 하며 살라는 것이니 벌이라고만은 할 수 없겠지만 말이야. 호호."

금세 기분이 좋아진 마녀를 보니 어린아이 같았어.

"그런데, 제가 어떻게 이곳에 오게 된 거예요? 여기가 정말 텔레비전 안이에요?"

"어떻게 오긴, 내가 잡아끌어서 온 거잖니."

"그러니까요. 어떻게 제가?"

"아이들에게 이로운 음식을 만드는 법을 가르치는 것이 내 일이라고 했잖아. 내가 지금부터 너에게 요리를 가르칠 거야. 바로 마녀 수프."

"마녀 수프요? 아니, 아니 괜찮아요, 안 그래도 마녀 주스를 매일 먹어야 해서 괴롭단 말이에요."

"이런……. 마녀 주스 말고, 마녀 수프. 마녀라는 이름이 들어갔다고 다 똑같은 음식이 아니라고. 내가 만들어야 진짜 마녀 수프지. 이 지글보글 마녀의 특권이란 말이야!"

"혹시 마녀님이 만든 수프를 먹으면 저도 마법을 부릴 수 있게 되는 거예요? 좋아요, 좋아! 얼른 만들어 주세요."

나는 귀가 솔깃해서 마녀를 재촉했어.

영양소를 알려줘

"기다려 봐. 요리하기 전에 먼저 알아야 할 게 있어. 질문 하나. 음식이 왜 중요할까?"

"그거야, 뭐 당연히……."

나는 생각이 잘 나지 않아서 머뭇거렸어.

"밥을 못 먹으면 기운이 없고 아무것도 할 수 없잖아요. 그러니까 음식이 중요하죠."

"맞아. 음식을 먹어야 생명이 유지되기 때문에 반드시 음식을 먹어야 하지. 내가 요리를 하고, 네가 책을 읽고 뛰어노는 데에는 에너지가 필요해. 그 에너지를 만들기 위해서는 음식이 꼭 필요하고 말이야. 음식에는 탄수화물, 단백질, 지방, 무기질 등의 영양소와 수분이 포함되어 있어. 동물이나 인간이 음식을 먹거나 물을 마시면서 영양소와 생명을 연장하는 필수요소를 얻을 수 있지. 또한 배가 부르다는 포만감도 얻을 수 있고."

"저도 영양소는 알아요. 자세히는 잘 모르지만."

"그럼, 먼저 영양소에 대해서 이야기해 볼까? 음식을 통해 골고루 영양소를 섭취하는 게 중요하니까 말이야. 그러려면 영양소에 대해 잘 알아야겠지?"

"영양소에는 종류가 많잖아요. 어떤 걸 먼저 얘기해 주실 거예요?"

"먼저 탄수화물에 대해 이야기해 볼까? 탄수화물은 우리가 자주 먹는 쌀이나 빵에 많아. 주로 곡물류에 많은 탄수화물은 단당류, 이당류, 다당류로 구분할 수 있어. 단당류는 주로 과일이나 주스에 많고, 이당류는 아이스크림이나 설탕에 많지. 다당류는 채소류, 전분류, 곡식류에 있고 말이야."

"아, 그렇구나. 그런데 마녀님. 단당류, 이당류, 다당류가 뭐예요?"

"당은 우리 몸에서 에너지를 낼 수 있는 물질이야. 당 하나로 이루어진 것이 단당류, 단당류 두 개로 이루어진 것이 이당류, 단당류가 3개 이상 결합한 것을 다당류라고 해. 당이 있는 음식을 먹으면 그 당이 몸속에서 에너지를 만드는 거란다."

"그래서 밥을 먹으면 힘이 나는 거군요?"

"그렇지. 그런데 에너지를 만들 수 있는 것은 단당류야. 곡식류는 다당류라고 했지? 몸속에서 소화가 되면서 다당류가 단당류로 분해되어 에너지를 만드는 거지."

"음, 그러니까 소화가 되는 게 당이 분해되는 거예요?"

"희지는 이해력이 좋구나! 소화기관에서 음식물을 분해하는 효소가 나와서 음식을 분해하는 걸 소화라고 해. 제대로 분해가 안 되면 '소화가 안 된다'고 하지? 그래서 음식을 천천히 먹으라고 하는 거야. 천천히 씹어야 음식이 잘게 부서지고, 효소가 분비되어 잘 섞여서 소화가 잘 되니까 말이야."

나는 맛있는 음식을 빨리 많이 먹으려고 대충 꿀꺽 삼키는 버릇이 있거든. 이 말을 듣고 꼭 고쳐야겠다고 생각했어.

"탄수화물만 에너지를 만들어요? 에너지를 만드는 영양소는 또 없어요?"

"왜 없어. 단백질도 영양소를 만들지. 이제 단백질에 대해 알아보자. 단백질은 고기에 많이 들어 있어. 콜라겐이라는 말 들어본 적 있지? 이것도 단백질이야. 콜라겐은 매일 자라는 머리카락이나 손톱을 구성하는 물질이지. 외부에서 세균이나 바이러스 같은 이물질이 들어왔을 때 대항해 싸워 물리치는 항체나 면역 물질도 단백질로 이뤄져 있어. 우리

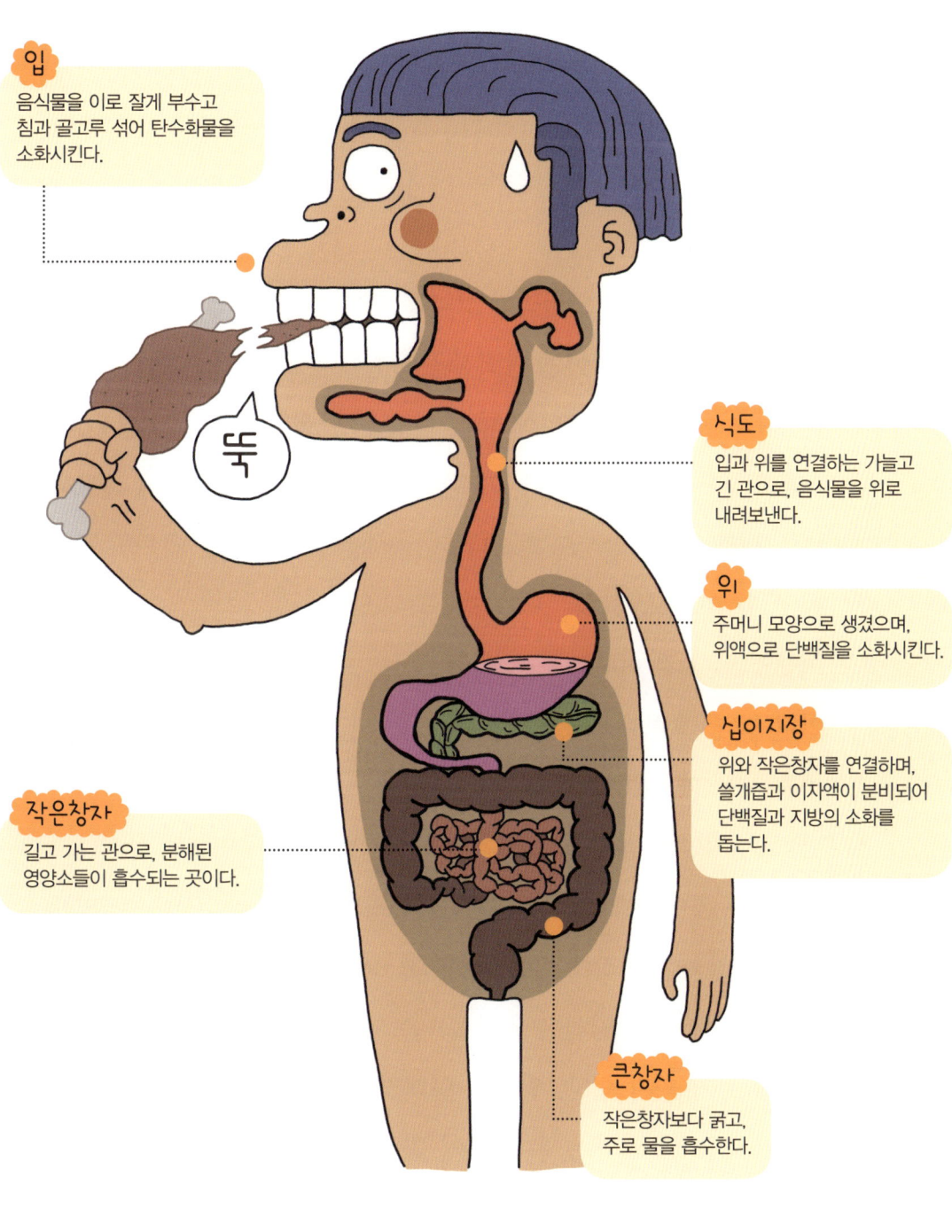

몸 구석구석을 이동해야 하는 호르몬이나 약물을 운반하는 것도 단백질이고. 혈액을 응고시키고 조직에 산소를 공급해 주는 것 역시 단백질이야. 에효, 숨 차라. 또 있어. 체중의 약 40%를 차지하고 있는 근육도 단백질로 이루어져 있단다."

"멋진 근육질 몸매를 만들려면 고기를 많이 먹어야겠네요?"

"호호호, 고기를 먹어야만 단백질을 섭취할 수 있는 것은 아니야. 단백질은 육류나 유제품, 계란에 많은 동물성 단백질과 콩류에 많은 식물성 단백질 두 종류가 있단다. 그런데 동물성 단백질에는 몸에 해로운 콜레스테롤과 포화지방산도 많으니 고기만 많이 먹으면 안 돼."

"에잇, 난 그래도 콩보다는 고기가 좋은데."

"여태껏 말한 걸 어디로 들은 거야?"

"아니, 그냥 그렇다고요. 골고루 먹으면 되잖아요."

"에휴……. 다음은 지방."

"마녀님, 지방은 몸에 안 좋죠? 엄마는 지방을 많이 먹으면 살찐다고 튀긴 음식을 싫어하세요. 저는 튀김을 엄청 좋아하는데, 절대 못 먹게 하셔서 친구들과 분식집에서 몰래 먹어요. 히히."

"그래, 대부분의 사람들은 지방을 나쁘게 생각하지. 사실 지방을 많이 먹으면 살이 찌기 쉽고, 암이나 동맥경화와 같은 질병이 생길 가능성이 높아. 하지만 지방은 우리 몸에 꼭 필요한 에너지원이란다. 체온을 유지해 주고 인체의 중요한 장기를 외부의 공격으로부터 보호하지. 지방에는 두 종류가 있어. 체내 흡수율이 낮은 포화 지방산과 소화와 흡수율이 높고 체내의 콜레스테롤 수치를 조절하여 성인병을 예방해 주는 불포화 지방산으로 나눌 수 있단다."

"그런데 흡수율이 좋다는 게 무슨 말이에요?

"흡수율이 좋은 음식은 똑같은 양의 음식을 먹어도 음식에서 얻을 수 있는 에너지의 양이 많다는 뜻이야."

"아, 그렇구나. 에너지 흡수가 잘 되는 음식이라는 뜻인가 봐요."

"그렇지. 아까 무슨 얘기를 하다 말았지? 네가 말을 끊어서 잊어 버렸잖니. 아, 불포화지방산! 그래, 그래. 불포화 지방산은 호르몬을 구성하고 지용성 비타민인 비타민A, D, E, K의 흡수율을 높여 주는 작용을 하지. 하지만 아까 말한 대로 지방은 많이 먹으면 살찌기 쉬워. 1g당 9칼로리의 열량을 가지고 있거든. 그래서 하루 권장 칼로리의 10%를 넘지 않게 섭취해야 해. 포화 지방은 쇠기름, 돼지기름 등에 많아. 불포화 지방은 식물성 기름에 많고. 불포화 지방산 중에는 인체에서 합성되지 못해서 반드시 식품으로 섭취해야 하는 것들이 있는데 이것을 필수 지방산이라고 하지. 땅콩과 호두 같은 견과류에 필수 지방산이 많이 포함되어 있단다."

"몸에 꼭 필요한 지방을 잘 골라 먹어야 하는 거네요. 땅콩과 호두처럼요."

"희지가 음식에 관해서는 이해력이 아주 좋은 모양이구나. 탄수화물, 단백질, 지방을 3대 영양소라고 해. 그리고 이 3대 영양소만큼 중요한 것이 무기질이야. 마그네슘, 인, 칼륨, 황, 구리, 아연, 요오드, 철 같은 것들이 무기질인데 무기질은 적은 양만 있어도 충분하지만 양이 적다고 무시해서는 안 돼. 적은 양이지만 없어서는 안 될 아주 중요한 영양소거든."

"으아아……. 너무 복잡해요."

무기질의 종류를 듣다 보니 머리가 어질어질했어. 문제집을 풀 때처럼 말이지. 외울 게 너무 많아서 머리가 아픈 것 같은 느낌?

"무기질이 중요한 이유는 어떤 생명체도 무기질을 합성하지 못하기 때문이야. 그래서 반드시 음식을 통하여 섭취해야 해. 대부분의 무기질은 천연 식품에 적당량이 함유되어 있어서 하루 세 끼 밥을 먹는 것으로 충분히 섭취가 가능하단다. 그런데 최근에는 가공식품이나 패스트푸드를 많이 먹잖아? 패스트푸드는 탄수화물과 지방이 대부분이고 소금, 즉 소금의 나트륨 성분이 많이 들어 있어서 건강에 도움이 안 돼. 가공식품이나 패스트푸드를 먹으면 음료수를 많이 먹게 되지? 너무 짜서 그래. 그러면서 몸에 꼭 필요한 무기질은 매우 적게 들어 있지."

나는 좀 뜨끔했어. 햄이랑 소시지 같은 가공식품, 그리고 피자랑 햄

비만이 되는 이유는?

몸이 정상 체중보다 더 많이 나가는 것을 비만이라고 합니다. 그런데 살은 왜 찌는 것일까요? 음식물에서 나오는 영양소는 몸을 구성하고 에너지를 만드는 데 사용됩니다. 이때 사용하고 남은 영양소를 몸은 지방의 형태로 저장하게 됩니다. 필요한 양보다 더 많은 음식을 먹게 되면 지방이 쌓여서 살이 찌는 것이지요. 너무 마른 것도 문제지만 뚱뚱해지면 고혈압이나 당뇨, 지방간, 동맥경화 등과 같은 성인병을 유발할 수 있습니다. 또한 몸무게가 지나치게 나가면 다리와 척추에 무리가 생길 수 있고 관절염에도 걸릴 수 있기 때문에 조심해야 합니다.

버거 같은 패스트푸드는 내가 제일 좋아하는 음식이거든. 마녀님은 나를 어떻게 이렇게 잘 알지?

"희지야! 이제 햄버거를 너무 많이 먹으면 안 되는 이유를 알겠지? 라면도 그렇고 말이야."

"알겠어요. 무기질 많이 먹을게요."

"무기질을 많이 먹을 필요는 없어. 신선한 과일과 채소, 그리고 어머니가 해 주시는 건강한 음식을 잘 먹는 것만으로 충분하단다. 가령……. 에휴. 일일이 다 말하려니 힘들구나."

"저도 헷갈려 죽겠어요."

〈무기질 섭취에 도움이 되는 음식〉
- 마그네슘 녹색 채소, 우유, 고기, 땅콩 등
- 인 유제품, 고기, 생선, 콩류, 곡류, 달걀 등
- 칼륨 고기, 채소, 우유 등
- 황 소고기, 콩류, 어류, 달걀, 양배추 등
- 구리 간, 고기, 굴, 달걀, 콩류, 통밀, 마가린 등
- 요오드 김, 다시마, 미역 등
- 철 간, 붉은 고기, 달걀 노른자, 대합 조개, 콩류, 밀 등
- 셀레늄 간, 해조류 등
- 아연 간, 고기, 어류, 달걀, 우유, 콩류, 녹색 채소 등

"자, 내 뒤에 있는 칠판 보이니?"

마녀 뒤에는 커다란 칠판이 걸려 있었어.

"저기 내가 써 놓은 걸 참고하도록 해.

"이제 영양소에 대해서 이해가 되니? 거의 다 말한 것 같은데……. 에구구, 내 정신 좀 봐! 가장 중요한 물을 빼 먹었네?"

"물이요?"

"그래, 물. 물은 아주 중요한 역할을 하는 물질이야. 사람이나 동물

〈5대 영양소〉

탄수화물　단백질

지방　비타민·무기염류　칼슘

은 음식은 먹지 않아도 몇 주일을 버틸 수 있지만 물을 마시지 않고는 단 며칠도 살 수 없단다. 물은 사람 몸의 66%를 차지하고 있어. 구성 성분 중 가장 많은 비중을 차지하고 있지. 그 중에서 10%가

내 몸은 소중하니까, 영양소

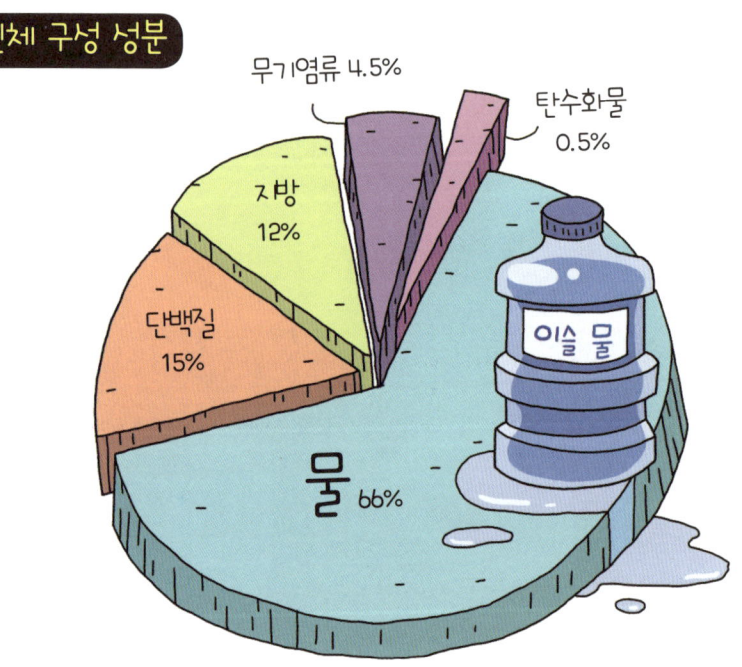

손실되면 몸에 이상이 나타나고, 20% 이상 손실되면 생명을 잃는단다. 물은 생명을 유지하는데 가장 중요한 요소이지만, 보통 사람들은 물을 소홀히 여기는 경향이 많지."

"물 대신 탄산음료나 주스를 마시면 되지 않아요? 같은 액체잖아요."

"그런 음료에는 여러 첨가물이 들어 있어. 당분도 많이 들어 있고 말이야. 그냥 물을 마시는 게 제일 좋아. 물은 갈증을 해소해 주기도 하고, 몸의 노폐물과 이산화탄소를 몸 밖으로 내보내고, 영양소를 각 기관에 골고루 보내는 일도 하지. 또 장기들을 보호하고 침, 관절액 등의 윤활유 역할도 해. 물의 역할이 정말 많지? 그러니까 꼭 챙겨 먹어야 해. 음료수 말고 깨끗한 물! 알았지?"

"네, 콜라보단 맛없지만 그래도 많이 마실게요."

"그래, 좋아. 여러 가지 영양소에 대해 알고 나니 어떠니?"

"음식을 골고루 알맞게 먹어야 한다는 생각이 들었어요. 물도 많이 마시고요."

"우리 희지, 아주 기특한 걸? 핵심을 딱 알아챘구나. 우리가 건강하게 살기 위해서는 영양소를 골고루 알맞게 섭취해야 한단다. 또한 그 모든 영양소는 음식을 통해 얻을 수 있어. 그럼 생각해 보자. 음식을 건강하게 섭취하기 위해서 꼭 필요한 것이 있는데……. 과연 뭘까?"

"음……. 글쎄요. 음식을 만드는 재료가 있어야겠죠?"

"그래 맞아. 좋은 음식 재료가 필요해. 그러기 위해서는 무엇보다 깨끗한 자연환경이 필요하단다. 자연이 깨끗해야 좋은 음식 재료를 얻을 수 있으니까 말이야. 환경이 오염되면 음식 재료도 오염될 수밖에 없어. 오염된 음식을 먹으면 당연히 사람 몸이 오염될 테고. 이 얘긴 또 할 기회가 있을 것 같으니 일단 넘어가자. 희지야, 이런 말 들어 봤니? 살기 위해 먹느냐, 먹기 위해 사느냐!"

"마녀님 말씀을 들으니 살기 위해 먹는 것 같기도 하고, 저는 먹는 게 무척 즐거우니까 먹기 위해 사는 것 같기도 하고. 잘 모르겠어요."

"호호호, 역시 넌 먹는 걸 좋아하는구나. 고대 그리스 철학자 중에 에피쿠로스라는 사람이 있었어. 그 사람은 '맛있는 음식이야말로 인간이 누릴 수 있는 최고의 즐거움'이라고 했다는구나."

"거 봐요. 먹기 위해 사는 게 맞잖아요!"

"하하하. 영양소를 얻기 위해 음식을 먹는 것이니 살기 위해 먹는 것도 맞고, 만족감을 느끼기 위해 음식을 먹는 것이니 먹기 위해 산다는 것 또한 맞는 말이지. 이런 이런, 수다가 길어졌네. 요리는 언제 하나? 먼저 메뉴를 정해 보자."

"마녀 수프를 만든다고 하셨잖아요?"

"그래, 그랬지. 그럼 희지 너는 어떤 마법을 원하니?"

"날씬해지는 수프…… 아니, 아니. 투명인간이 되는 수프? 힘이 세지는 수프? 예뻐지는 수프? 올백 맞는 수프? 잔소리 안하게 하는 수프?"

"그건 왜? 엄마에게 주려고? 호호."

나는 속마음을 들킨 것 같아 혀를 쏙 내밀었어.

"음……. 그게 좋겠구나. 뭐든지 들어주는 소원 수프! 수프를 완성해서 먹기 전에 소원을 빌고 남김없이 먹으면 뭐든지 이루어 주는 소원 수프! 어때? 물론 소원은 좋은 소원만 빌어야 해."

"좋아요! 멋져요!"

나는 신이 나서 폴짝폴짝 뛰었어. 뭐든지 들어주는 소원 수프라니, 정말 멋지지 않아?

"단, 소원은 꼭 한가지뿐이야. 아까도 말했지만, 지나친 욕심은 화를 부르는 법! 한 가지만 빌어야 해."

"네!"

"호호호. 그럼 요리를 시작해 볼까?"

세계의 여러 음식

우리나라에 김치와 불고기가 있듯이 다른 나라에도 그 나라를 대표하는 음식이 있습니다. 그 나라의 역사와 특성을 반영한 음식들이지요. 어떤 역사와 특성이 있는지 살펴보아요.

케밥

'꼬챙이에 끼워 불에 구운 고기' 라는 의미를 담고 있는 케밥은 고기를 큰 꼬챙이에 꽂아 불에 구운 뒤 빵 사이에 넣어 먹는 음식이에요. 대부분의 케밥은 가격도 저렴한 편으로 지역에 따라 다양한 종류의 케밥이 있으며 터키에서 가정에 손님이 찾아왔을 때 대접하는 가장 흔한 음식입니다.

소시지

소시지는 좋은 품질의 고기를 얻을 수 없는 가난한 사람들에게 나누어 준 것으로, 고기 이외의 먹을 수 있는 부분을 이용하여 만든 거예요. 오래전부터 있었던 고기의 가공품이랍니다. 4세기에는 콘스탄티누스 대제가 일반 서민이 이와 같이 맛있는 것을 먹는다는 것은 사치이므로 소시지를 먹어서는 안 된다고 하는 금지령을 내리기도 했다고 해요.

피자

이탈리아에서는 18세기 말부터 모차렐라 치즈, 안초비, 마늘, 기름이 사용되었고 이때 오늘날의 피자 형태가 나타났어요. 이후 19세기 후반에 이탈리아가 근대화를 추진하면서 미국으로 이민한 사람들이 많았는데, 그들 중 일부가 세계대전 당시 빵 가게들이 불황을 겪게 되자 피자를 만들어 팔기 시작했어요. 이후 피자는 미국 자본에 의해 세계 시장으로 진출하게 되었지요.

초밥

생선회가 처음 등장했을 때는 왕족이나 귀족들만 먹는 고급음식이었다고 해요. 생선을 신선하게 보관하는 기술이 발달하면서 일반 서민들도 먹을 수 있게 되었고, 일반 서민들을 위해 나온 것이 초밥입니다. 서양인들은 생선회를 처음 접했을 때 기겁을 하며 '비위생적인 음식'이라고 비하했지만 현재는 생선회나 초밥을 즐겨 먹고 있어요.

만두

원래 만두는 중국 남만인(南蠻人)들의 음식이라 합니다. 제갈 량(諸葛亮)이 멀리 남만을 정벌하고 돌아오는 길에 심한 풍랑을 만났는데, 사람의 머리 49개를 물의 신에게 제사지내면 풍랑이 멈춘다고 했대요. 이에 제갈 량은 살인을 할 수는 없으니 머리 모양을 밀가루로 빚어 제사지냈고, 이후 풍랑이 가라앉았다고 합니다. 이것이 만두의 시초라고 알려져 있어요.

커리

인도는 1600년부터 1947년까지 영국의 지배를 받았는데, 초기 영국령 인도에 머물던 동인도회사의 관리와 장교들은 인도 음식을 즐겨먹었어요. 이것을 당시 영국인들은 '커리(curry)'라 불렀고, 여기서 '커리'가 유래했지요. 유럽과 영어권 식민지에 전해진 커리가 "희귀한 동양의 스튜"라는 고급 이미지로 인식된 것과 달리, 인도에서는 노동자들이 먹는 소박한 음식이었습니다.

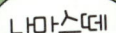

토론왕 도기!

김치와 비빔밥의 세계화

음식은 그 나라의 역사와 환경을 보여주는 중요한 문화다. 하지만 익숙하지 않은 다른 나라의 음식을 먹는 것이 때로는 거부감을 일으키기도 한다. 요즘은 다른 나라의 문화를 쉽게 접할 수 있게 되면서 다른 나라의 음식을 먹는 일도 쉬워졌다. 우리가 다른 나라의 음식을 먹는 일도, 다른 나라 사람이 우리의 음식을 먹는 일도 쉬워진 것이다.

우리나라의 경우 한류가 아시아를 넘어 유럽과 아메리카까지 진출하면서 한식 또한 세계로 뻗어 가는 계기가 되었다. 한국 드라마나 예능 프로그램을 본 다른 나라 사람들이 거기에 등장하는 음식에까지 관심을 갖게 된 것이다.

비빔밥은 우리나라 음식 중 최초로 기내 음식으로 선정되었으며 유명 팝가수였던 마이클 잭슨이 좋아하는 음식이라고 해서 유명해졌다. 한류 바람을 타고 비빔밥을 더 널리 알리기 위해 뉴욕의 번화가에 비빔밥을 알리는 광고를 하기도 했다. 이 비빔밥 광고에서 비빔밥의 재료인 김을 일본식 표현인 '노리'라고 기재해 논란이 된 바 있다. 우리나라의 음식을 소개하면서 재료의 이름을 일본식으로 표현한 것이다. 이는 음식의 세계화 과정에서 어떤 점을 주의해야 하는지를 보여준다. 더구나 우리는 이와 유사한 사례를 이미 겪은 바 있다.

세계 5대 건강식품으로 선정된 김치. 김치를 다른 나라 사람들은 일본의 기무치와 혼동하는 경우가 많다. 한식의 대명사인 김치는 일본이 먼저 세계에 알렸고, 그러면서 '김치'라는 말 대신 일본식 용어인 '기무치'가 돼 버렸다. 우리 음식이 일본 음식으로 잘못 소개된 것이다.

국제식품규격위원회에서는 김치를 '주원료인 절임 배추에 여러 가지 양념류(고춧가루, 마늘, 생각, 파, 무 등)를 혼합하여 제품의 보존성과 숙성도를 확보하기 위하여 저온의 젖산 생성을 통해 발효된 식품'이라고 정의하고 있다. 우리나라의 김치가 국제 표준으로 인정받은 것이다. 이렇게 되기까지 엄청난 노력과 비용이 들었다.
한식을 우리가 먼저 세계에 알리고 이를 통해 한식에서 사용되는 다양한 음식 용어를 한글로 세계에 알리는 것이 중요하다. 김치뿐만 아니라 우리나라의 불고기나 비빔밥 또한 마찬가지이다.
또한 세계인의 눈높이에 맞춰 현지화해야 한다. 일본의 스시는 미국에서 캘리포니아 롤로 이름을 바꾸고 날생선 대신 아보카도 등을 사용했다. 또한 생선 표면을 익혀 현지화하면서 세계적인 음식으로 자리 잡았다.
우리 음식의 우수성을 해치지 않으면서도 더 많은 나라의 사람들에게 친숙하게 다가가기 위한 '한식의 세계화' 노력이 꼭 필요한 시점이다.

빈칸에 알맞은 말을 넣어 봅시다.

(①   )

운동, 공부, 일을 할 때 필요한 힘이 나게 한다.

(②   ), 무기염류

병에 걸리지 않게 도와주고 몸의 기능을 조절한다.

지방

(③   )을 유지하게 하고 힘의 바탕이 된다.

칼슘

(④   )를 튼튼하게 하여 키를 잘 자라게 한다.

&정답
① 탄수화물 ② 비타민 ③ 체온 ④ 뼈

2장

불의 발견,
요리의 발전

🍔 익은 고기를 맛보다

"음, 요리를 하려면 불이 필요한데……. 잠깐만."

마녀가 엄지와 중지 손가락을 부딪쳐 소리를 내는 순간, 손끝에서 화라락, 불이 나오지 뭐야? 마녀 곁으로 바짝 다가섰던 나는 깜짝 놀라 뒤로 물러섰어.

"호호호! 그렇게 놀랄 필요는 없어. 이 정도는 마법이라고도 할 수 없지. 나는 마녀니까."

"그래도 직접 보니까 신기해요."

"훗, 뭘 이 정도를 가지고. 너는 불을 만들지는 못하지만 주변에서 쉽게 볼 수 있지?"

나는 고개를 끄덕였어.

"네, 필요할 때 라이터나 가스레인지로 불을 켜면 되니까요. 많이 쓰지는 않지만 성냥도 있고."

"그래, 지금은 아주 쉽게 불을 만들 수 있지만 아주 먼 옛날에는 그렇지 않았단다."

"저도 텔레비전에서 봤어요. 사람들이 무인도에서 불을 직접 만들려고 양 손바닥 사이에 작은 나뭇가지를 놓고 작은 홈이 파인 큰 나무판에 비비더라고요. 낮에 시작해서 별이 총총 뜨는 밤이 되어서야 겨우 불이 붙었어요. 불을 만드는 게 그렇게 힘든 건지 처음 알았어요."

"그래, 만드는 건 어렵지만, 인류는 점차 불을 자유자재로 다룰 수 있게 되었고, 그러면서 문명을 만들 수 있었지. 불을 발견한 것은 정말 대단한 일이야. 그런데 말이다, 맨 처음에 불을 어떻게 구했을까?"

"모르겠어요, 알려 주세요. 언제 처음 불을 구했어요?"

"그건 나는 물론 학자들도 정확히 알지 못해."

"네? 알면서 물어본 게 아니었어요? 에이, 뭐야."

"말했잖아, 그건 학자들도 잘 모르는 거라고. 아직 정확하게 밝혀진 게 없어. 다만 약 50만 년 전에 불을 처음 사용하지 않았을까 하고 추측할 뿐이지."

"그러면요, 불을 어떻게 발견했을까요? 불을 만드는 법을 몰랐을 테니 만들어 쓰지는 않았을 테고요."

"아마 아주 우연한 계기였을 거야. 번개가 쳐서 나무에 불이 붙고 그 불이 산으로 옮겨 붙어 동물이 타 죽는 엄청난 재앙에서 불을 처음 발견하지 않았을까?"

"그럼, 온 산이 잿더미가 되고 동물들도 타 죽었겠네요? 정말 무서웠겠다!"

"그래 끔찍했을 거야. 그리고 깜짝 놀랐을 거야."

"왜요?"

"왜냐고? 너무 맛있어서!"

마녀의 엉뚱한 대답에 나는 고개를 갸우뚱거렸어.

"맛있어요? 뭐가요?"

"뭐긴, 불에 탄 동물의 시체. 바로 구워진 고기 말이지!"

"숲과 나무가 타고 자기가 살던 터전이 불에 타서 사라질 수도 있는데 그 와중에 고기가 맛있었겠어요?"

"당연하지. 그것도 엄청나게 맛있었을 거야. 그 전까지 사람들은 사냥과 채집으로 얻은 고기와 곡식을 날 것으로 먹었어. 그런데 불에 구워진 고기를 처음 먹었을 때 기분이 어땠을 것 같니? 그동안 먹었던 음식하고는 차원이 달랐겠지. 충격이었을 거야. 그 일을 계기로 사람들은

불을 찾아서 이용해야겠다는 생각을 하게 된 거지."

"그럼 불을 어떻게 만들었을까요?"

"어떻게 만들긴. 우연히 나무나 돌이 서로 부딪치면서 불이 번쩍 빛나는 것을 보고 그걸 이용해야겠다고 생각했을 거야. 그렇게 해서 불을 만들고, 다룰 수 있게 된 거지. 학자들은 인간과 동물을 구분하는 특징으로 불의 발견을 꼽기도 해. 영국의 어느 작가는 이렇게 말했지. '나에게 인간을 정의하라면 불로 요리하는 동물이라 하겠다. 동물도 기억력이나 판단력과 같은 능력과 정열을 어느 정도는 가지고 있다. 그러나 요리하는 동물은 없다…… 음식을 맛있게 차려 먹는 것은 오직 인간만의 능력이다'라고 말이야."

"듣고 보니 정말 그러네요. 요리하는 동물이 있다는 말은 못 들어봤어요. 정말 멋진 정의인데요?"

"음식이 단순히 '무언가를 먹는 것'이 아니라 '요리'라는 의미가 더해진 것은 인간이 불을 이

용할 수 있기 때문이야. 불이 발견되기 이전에 음식은 자연 상태의 날 것이었지만, 익은 음식은 인간이 자연 상태의 재료에 불을 이용해 새로운 것을 만들어 낸 문화의 상태이지. 그래서 불은 인간이 자연 상태에서 문화 상태로 옮겨가는 과정의 매개체라고 할 수 있어."

"그런데요, 요리하는 게 그렇게 문화적인 거예요?"

"지금은 불을 사용하는 것이 일상적인 일이지만, 인류가 불을 발견한 것은 문화적 사건이라고 할 수 있을 정도로 중요한 일이야. 불을 사용하면서 인간은 불을 중심으로 일정한 장소에 모이기 시작했고, 원시 공동사회가 형성되었지. 특히 불에 음식을 익혀 먹음으로써 인류는 다양한 음식 맛을 즐기기 시작했고 날 음식으로 인한 기생충 감염 확률이 확 줄어들면서 건강하게 살 수 있게 되었단다. 나아가 음식물을 조리하는 과정에서 음식 가공법을 익히게 되었고. 날 음식(生食)의 문화에서 불을 이용한 화식(火食)의 문화는 고기나 곡식 등 식품을 익히고 저장하기 위한 그릇의 발달까지 이어지게 했단다."

"그릇이요? 박물관에 있는 빗살무늬 토기 같은 거 말씀하시는 거예요?"

"그래, 맞아. 사람들은 흙을 빚어 만든 그릇을 불에 구우면 단단해진다는 사실을 깨달았어. 그리고 점점 사용하기 편리한 그릇을 빚기 시작했지."

"와! 그렇게 연결이 되는 거군요!"

"그뿐만이 아니야. 익힌 음식은 인류를 번창시키는데 큰 역할을 했단다. 어떻게 그럴 수 있었을까?"

"글쎄요, 어떻게 그런 거예요?"

"생각을 좀 해 봐~"

"잘 모르겠어요, 저는 원시인이 아니니까요."

"좋아, 이번에도 내가 알려주지. 에헴, 음식을 익히면 변질이 잘 안 되고 오래 보관할 수 있어. 그리고 맛은 더 좋아지고, 소화되기 쉬워서 먹었을 때 영양소의 흡수율도 좋아지지. 아까 얘기했지? 흡수율이 좋다는 말은 음식에서 얻을 수 있는 에너지의 양이 늘어난다는 뜻이라고. 그러니까 음식을 익혀 먹은 사람들은 에너지를 더 많이 얻을 수 있게 되었고, 생존율이 높아졌어. 그러면서 자손을 많이 낳을 수 있게 되어서 인류가 지금까지 살아남은 거야."

"음식을 익혀 먹어서 지금까지 살아남은 거라고요?"

"그래, 맞아. 불을 이용해서 음식을 만들지 않았다면 인류는 지금까지 이어질 수 없었고, 다양한 산업과 문화를 만들어 내지도 못했을 거야."

"그렇군요!"

"그렇지, 그런 말씀이시지."

"헤헤헤! 그동안 엄마가 부엌에서 볶고, 끓이면서 요리하시는 게 당연한 거라고 생각했어요. 날마다 먹는 음식에 대해 진지하게 생각해 본 적이 없었는데, 마녀님 말씀을 듣고 보니 요리라는 건 정말 대단한 일인 것 같아요."

마녀는 나의 머리를 쓰다듬었어.

"자, 이젠 진짜로 요리를 하자. 우선 채소와 고기를 적당한 크기로 썰어야 하는데……. 칼은 위험하니까, 잠깐만."

마녀는 칼질을 하듯 두 손을 허공에서 빠르게 움직였고, 모든 재료들이 잘린 채 도마에 놓였지.

"이제 필요한 건……."

"불이요!"

"그래, 불! 호호, 가르친 보람이 있는 걸? 요리에서 불이 가장 중요하지. 우선 쌀을 안쳐 밥을 짓고, 감자와 강낭콩은 삶자. 시금치는 데치고 정어리는 찔 거야. 그리고 마지막으로 소고기는 굽는 게 좋겠지? 재료마다 어울리는 조리법이 다 다르니까 신중하게 해야 해. 이 모든 재료를 버터에 볶고 사과즙과 물을 넣어 푹 끓인 후 소금과 후추로 간을 맞추면 완성!"

"삶고 데치고 찌고 굽고 볶고 끓이고, 요리는 역시 쉬운 일이 아니네요."

"그럼. 재료의 본래 맛을 지키며 요리하려면 이렇게 다양한 조리의 과정을 거쳐야 해. 그러니까 엄마께서 해 주시는 요리는 뭐든 불평 없이 골고루 잘 먹어야 하고."

어느새 소원 스프는 보글보글 맛있는 향을 풍기며 끓고 있었어.

"그럼, 이제 다 된 거예요? 먹으면 되요?"

나는 그 맛이 너무 궁금해서 얼른 먹고 싶었어.

"소원은 생각했니?"

"아참! 소원. 아직 생각 못했어요."

"뭐든지 들어주는 소원 수프를 먹기 전에 반드시 소원을 빌어야 해. 그래야 이루어진단다. 그리고 수프는 좀 더 끓여야 돼. 수프는 오랫동안 푹 끓여야 제 맛이거든."

언제까지 기다려야 하나 생각하다 하품이 났어. 설마 곰탕처럼 10시간, 20시간 끓여야 하는 건 아니겠지?

"기다리기 지루할테니 수프가 끓을 동안 나와 함께 여행을 가 보겠니?"

"여행이요?"

"그래, 다른 나라 사람들은 어떤 음식을 먹는지 궁금하지 않니?"

"궁금해요!"

"자, 그럼 빗자루를 타고 떠나 볼까?"

마녀는 부엌 한 쪽에 세워 놓은 빗자루를 가져왔어. 우리 집에 있는 빗자루가 하늘을 나는 마법 빗자루였다니!
"꽉 잡아라. 내 빗자루는 스피드광이거든. 자, 출발이다!"

식민의 역사, 베트남 쌀국수

"이게 뭐야? 국수뿐이잖아? 이걸 먹고 어떻게 힘을 낼 수가 있겠어?"
프랑스 장교는 요리사를 꾸중하고 있었어. 요리사는 고개를 푹 숙인 채 더듬더듬 말을 이어갔어.

"저……. 이, 이 쌀국수는 가, 각종 약재를 넣은 것으로 우, 우, 우리 베트남에서는 가장 훌륭한 음식……."

"시끄럿! 이제 베트남은 프랑스의 식민지다. 아무리 훌륭한 국수라도 고기가 없으니 별로야. 당장 쇠고기를 얹어 다시 만들어 와!"

요리사가 머뭇거리자 프랑스 장교는 총을 번쩍 들었고, 어쩔 수 없이 요리사는 고개를 끄덕이며 주방으로 갔지. 마녀 아줌마와 나도 요리사를 따라 갔어.

"하, 어쩌면 좋지?"

요리사는 주방에 털썩 주저앉았어.

"아저씨, 그냥 시키는 대로 쌀국수에 쇠고기만 얹어 주면 안 돼요?"

나는 한숨을 내쉬는 요리사가 안타까워 말을 걸었어.

"너는 베트남 사람이 아니구나? 베트남 사람들은 쇠고기를 먹지 않아. 베트남은 벼농사를 많이 짓는데 소는 농사 일에 반드시 필요한 가축이기 때문에 함부로 잡아먹지 않지. 고기가 필요하다면 돼지고기나 닭고기를 먹어. 하지만 이제 우리 베트남이 프랑스의 식민지가 되었으니 어쩔 수 없는 일이지……."

요리사는 쌀국수에 얹을 쇠고기를 썰기 위해 칼을 들었지.

그런 요리사의 뒷모습을 본 나는 화가 났어.

"너무해요. 아무리 식민지라도 그렇지. 그 나라에서 안 먹는 음식을 가져오라고 하다니!"

"진정하렴. 이렇게 해서 베트남 쌀국수가 탄생하게 된 거야. 베트남을 대표하는 음식으로 널리 알려진 쌀국수가 사실은 식민지 역사로 탄생한 것이라니 씁쓸하지."

마녀가 말했지.

"저도 쌀국수를 먹어 본 적이 있어요. 이런 역사가 있는 줄은 몰랐지만. 이름이 포(pho)…… 뭐라고 했던 것 같은데?"

"'포(pho)'는 베트남 말인데, 쌀이라는 뜻이야. 재료에 따라 쌀국수에 쇠고기를 얹으면 '포보(pho bo)'라고 하고, 닭고기를 얹으면 '포가(pho ga)'라고 하지. 프랑스 사람들은 쌀국수가 매우 뜨거워서 '불처럼 뜨거운 그릇'이라는 뜻으로 '포토푀(pho au feu)'라고 부른단다."

"프랑스 사람들은 음식에 대해서라면 일가견이 있는 사람들인 것 같아요. 식민지라고 베트남에 횡포를 부린 건 나쁘지만 어쨌거나 베트남 쌀국수의 탄생에 한몫했으니까요. 그런데 마녀님, 프랑스 사람들은 거위 간이랑 달팽이도 요리해서 먹잖아요. 저 꼭 한 번 직접 보고 싶어요."

"보고 싶은 게 아니라 먹고 싶은 거겠지, 호호. 그럼 프랑스로 가 볼까? 얼른 타렴. 출발~!"

 꿩 먹고 알 먹고, 달팽이도 먹고

"포도밭에 달팽이가 왜 이렇게 많지?"

달팽이가 어찌나 많은지 아무리 조심해도 달팽이가 발에 걸리는 거야. 그때 한 농부가 내 옆으로 다가왔어.

"우리 부르고뉴 지방은 프랑스에서 포도나무가 자라기에 가장 좋은 땅이지. 햇볕이 잘 들고 물도 잘 통하고. 특히 이 지역의 흙은 석회질과 작은 암석 부스러기로 이루어져 있어서 포도나무가 뿌리를 깊이 내릴 수 있어."

언제 왔는지 또 다른 농부가 말했어.

"그런데 이 달팽이들 때문에 골치야, 골치!"

"당연히 달팽이가 많을 수밖에. 달팽이는 딱딱한 껍데기를 만들기 위해 땅속 석회질 층에 사는데, 우리 부르고뉴의 땅속에는 석회질이 많으니 달팽이들의 천국인 거지."

"이 달팽이 녀석들 때문에 포도가 제대로 열리지 않아 큰일이야. 포도나무가 잘 자랄 수 있는 환경이면 뭐해, 달팽이들이 다 갉아먹어 버리는데."

두 농부의 이야기를 듣던 내가 한마디했지.

"아저씨, 그 달팽이들을 다 먹어 버려요!"

"먹어?"

두 농부가 동시에 눈을 동그랗게 뜨고 말했어.

"네, 먹어서 없애면 되잖아요."

"그렇군, 그러면 되겠어. 이걸 요리하면 먹을 게 없는 가난한 사람들에게도 좋은 일이고 말이야. 그거 참 좋은 생각인걸? 고마워, 꼬마 친구!"

"뭘요. 그런데 이걸 어떻게 요리해요? 달팽이는 껍데기도 있고, 끈적끈적하잖아요."

먹어서 없애라고 말은 했지만, 달팽이를 어떻게 요리할지 궁금했어.

"걱정하지 마. 내가 또 요리에 일가견이 있거든. 일단은 흙과 같은 이물질을 토해 내야 하니까 소금과 식초를 섞은 물에 담가 놓아야 해. 그리고 살짝 데쳐 살만 빼낸 다음, 양파와 함께 우리 고장 특산물인 포도주을 넣고 끓이면 맛이 좋을 거야. 아니야, 아니야, 달팽이는 지방이 적을 것 같으니 버터에 볶으면 더 맛있을걸? 어때? 생각만 해도 군침이 돌지 않아? 다른 요리 방법들도 좀 더 궁리해 봐야겠어."

"오, 그래. 생각만 해도 부드러운 맛이 느껴지는 것 같아. 달팽이 껍데기를 이용하는 건 어때? 요리한 달팽이를 다시 달팽이 껍데기에 넣어 먹는 거야. 그 위에 소스도 뿌리고 말이야."

"좋아, 껍데기가 뜨거우면 손을 델 수도 있으니 집게와 포크를 이용해야겠어. 남은 소스는 빵에 찍어 먹어도 좋고."

두 사람은 어찌나 쿵짝이 잘 맞는지 내가 끼어들 틈도 없었지.

"그런데 이 요리의 이름을 뭐라고 할까?"

농부들의 고민이 또 시작되었지.

"달팽이를 달팽이라고 부르지 뭐라고 부르나요?"

"그래, 에스카르고(escargot)! 달팽이라는 뜻도 있고 나사 모양이라는 뜻도 있으니 딱이로군."

"에스카르고!"

두 농부는 신이 나서 양동이 가득 달팽이를 잡아서는 집에 가면서 노래까지 흥얼거렸어. 왠지 나는 농부들의 고민을 해결해 준 것 같아 기분이 좋아졌지.

"그런데 마녀님, 마녀님은 왜 한 마디도 안 하세요?"

"아휴, 난 말 많은 사람들이 정말 싫어. 저 농부들은 어쩌고저쩌고 이러쿵저러쿵 너무 시끄러워!"

"마녀님도 말 많으시잖아요, 뭘."

"내가 말이 많아서 말 많은 사람이 싫다, 왜? 내가 떠들어야 하는데 그럴 수가 없잖아."

나는 마녀의 옆구리를 콕 찔렀어. 마녀는 크크, 웃으며 얼른 빗자루를 타라며 서둘렀어.

한 조각 떼어 주고 싶어, 에티오피아 인제라

"마녀님……?"

나는 천막으로 겨우 하늘을 가린 누추한 곳에 누워 있었어. 부스스 일어나 앉아 주변을 둘러보니, 비쩍 말라 숨도 제대로 쉬지 못하는 사람들이 여기 저기 누워 있었어.

두리번거리며 마녀를 찾는데, 마녀는 한 어린 소년 앞에서 훌쩍이고 있는 거야. 나는 그 곁으로 갔어.

"무슨 일이에요?"

"세상에! 불쌍해서 어쩌누."

마녀는 대답도 않고 아이의 머리를 쓰다듬으면서 안쓰럽게 바라보고 있었어.

"여기는 에티오피아라는 나라야. 사람들이 제대로 먹지 못해 이렇게 기운 없이 누워 있는 거야."

"밥을 못 먹어서 이렇게 누워 있다고요? 아니, 얼마나 못 먹으면 이렇게 되요?"

나는 너무 깜짝 놀라 물었어.

"저 어린아이를 보렴. 겨우 숨만 쉬고 있단다."

나는 곧 숨이 꺼질 것 같은 아이 곁으로 다가갔어. 아이는 무슨 말을 하고 싶은지 입을 오물거렸어. 나는 아이가 하는 말을 들으려고 몸을 숙였지.

"인제라……."

"응? 뭐라고?"

"인제라."

"인제라? 그게 뭐야? 응?"

아이는 다음 말을 잇지 못했어. 허름한 옷을 걸친 여자가 다가와 아이를 천으로 싸서 안고 나갔어. 그 모습을 멍하니 바라보다 나도 모르게 눈물이 쏟아졌어.

"희지야."

마녀가 내 어깨를 감싸며 조그맣게 불렀어.

"마녀님, 아까 그 아이가 말한 인제라가 뭐예요?"

"인제라?"

"네, 그게 뭐예요? 음식 이름인가요?"

"음식에서만큼은 감이 좋구나. 인제라(injera)는 에티오피아의 전통 음식이란다. 이곳 사람들의 주식이지. 인제라는 에티오피아에서 자라는 곡물인 테프(teff)로 만들어. 테프의 알갱이는 가장 작은 곡물이야. 테프 100알 이상을 모아야 밀알 1개 크기가 될 정도거든."

"이 나라는 왜 이렇게 가난한 거예요. 그걸 언제 모아서 음식을 만드냐고요!"

답답한 마음에 나도 모르게 화가 나 목소리가 커졌어.

"그야, 땅이 척박하니까 그렇지."

"인제라는 어떻게 생긴 음식이에요? 밥처럼 생겼어요? 아니면 빵?"

"인제라는 테프 가루를 반죽해서 자연효소를 넣고 며칠 동안 숙성시켜 만들어. 이 과정에서 시큼한 맛이 나지. 숙성된 반죽을 뜨겁게 달군 팬에 넓게 펼쳐 둥글고 얇게 구우면 끝이야."

"우리나라 부침개하고 비슷한 거예요?"

"모양은 그렇지만 효소로 발효시켜 구웠으니까 빵에 가깝다고 봐야 해. 맛이 시큼하고 씁쌀해서 조금씩 뜯어 먹어. 야채와 고기를 싸먹기도 하고. 에티오피아 사람들은 인제라를 조금씩 떼어 먹으며 다른 사람의 입에 넣어 주는 경우가 있는데, 그건 그 사람을 사랑하고 좋아한다는 표시라고 해."

"참 소박한 음식인데, 그것도 제대로 못 먹다니. 그 아이가 너무 불쌍해요."

나는 어린아이의 모습이 계속 떠올라서 마음이 아팠어.

문득 이 슬픔을 맛으로 표현한다면, 시큼하고도 씁쌀한 인제라의 맛일지도 모르겠다고 생각했어. 인제라 한 조각을 떼어 어린 소년의 입에 넣어 주고 싶었어.

소금, 양날의 칼

사람의 혈액 속에는 0.9%의 염분이 함유돼 있습니다. 염분 속 나트륨이 너무 많으면 고혈압에 걸릴 가능성이 높지만, 적당한 나트륨은 체내 삼투압 유지에 중요한 역할을 합니다. 인체 내에 소금이 부족하면 신진대사가 약해지고, 소화 능력이 떨어지게됩니다. 권태감과 피로감을 쉽게 느끼게 되고, 오래된 세포의 교체가 늦어지므로 피부도 거칠어지고 윤기가 없어지게 됩니다.

세계의 발효 음식

우리나라의 김치와 된장, 고추장은 대표적인 발표음식이에요. 세계의 다른 나라에서도 발효음식을 먹고 있습니다. 그렇다면 다른 나라에서는 어떤 발효음식을 먹는지 알아볼까요?

일본

낫또(natto)
삶은 콩을 발효시켜 만든 일본 전통 음식으로 우리의 생청국장과 비슷해요. 낫또는 세균의 작용으로 끈적거리는 실이 많고 하마낫또, 시오까라 낫또 등 종류가 많아요.

영국

체더 치즈(cheddar cheese)
서머싯주 남서부 체더 마을의 이름을 따서 만든 수분함량이 적은 천연치즈로 독특한 단맛과 향을 냅니다.

이탈리아

치아바따(chiabatta)
이스트를 넣고 반죽하여 올리브 오일을 발라 발효시킨 후 얇고 넓게 반죽해 구워내는 빵이에요.

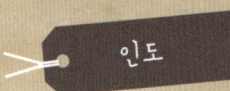

인도

❶ **난(naan)**
정제한 하얀 밀가루(마이다)를 발효시켜 구운 빵이에요.

❷ **랏시(lassi)**
걸쭉한 인도식 요구르트입니다.

프랑스

크루아상(croissant)
겹겹이 층이 있는 초승달 모양의 패스트리로 헝가리에서 유래했어요. 밀가루, 이스트, 소금으로 반죽하고 사이사이에 지방층을 형성시켜 발효시켜 만듭니다.

굴소스(oyster sauce)
중국요리에 많이 쓰이는 소스 중 하나로 생굴을 소금물에 담가 발효시킨 후 맑은 물을 떠내고 간장 상태로 만들어요.

중국

하몽(Jamon)
전통적으로 공기 맑고 수분이 적절하며 바람이 찬 스페인 산악지방에서 생산되는 대표적인 저장육류 제품으로 돼지 뒷다리를 소금에 절여 6개월가량 발효시켜 만든 훈제하지 않은 생햄입니다.

스페인

요구르트(Yogurt)
소나 산양의 젖을 초벌구이 항아리에서 저온 발효시켜 만든 것이 특징으로 코카스 지방에서 오래전부터 제조하고 있는 발효유에요.

불가리아

김치의 과학

우리나라를 대표하는 음식 가운데 가장 먼저 떠오르는 것은 바로 김치이지요. 김치는 과학적으로도 훌륭한 음식이라고 알려져 있는데요, 어떤 점이 과학적이고 훌륭한지 알아보아요.

깍두기

발효중

➕ 비타민과 무기질의 보고
김치에는 칼슘, 인, 철분 등의 무기질과 비타민 A, C 등이 풍부해요. 예전 우리 선조들은 신선한 채소를 먹기 힘들었던 겨울에 김치를 먹으면서 영양분을 보충했어요.

➕ 체중 조절에 좋은 저칼로리 식품
김치는 다양한 채소를 넣어 만드는 음식이지요. 그래서 열량이 적고 식이섬유가 많아 체중조절에 도움을 주지요. 특히 김치에서 빠질 수 없는 고추에는 캡사이신이라는 성분이 있는데, 이 성분은 신진대사작용을 활발히 하도록 도와주어 지방을 연소시키는 작용을 한답니다.

부글부글

배추김치

➕ 항암 효과 및 노화 억제 효과
김치에 항암효과가 있다는 것은 널리 알려진 사실이지요. 김치의 주재료로 이용되는 배추 등의 채소는 대장암을 예방해 주고, 김치의 재료로 사용되는 마늘은 위암을 예방해 준다고 알려져 있습니다.

➕ 유익한 미생물, 유산균
유산균은 김치나 요구르트, 치즈와 같은 발효 식품에 많이 있는 유익한 미생물입니다. 김치가 발효되면서 독특한 신맛과 향이 나는 것은 유산균의 활동으로 인한 것입니다. 김치에는 이러한 유산균이 많이 들어 있는데, 유산균은 피 속에 있는 나쁜 콜레스테롤을 떨어뜨려서 각종 성인병을 예방하고 치료하는데 도움을 줍니다. 또한 대장 내부를 청소해 주는 작용도 하지요.

오이 소박이

토론왕 되기!
개고기를 먹어도 되는 걸까?

사람들은 개에게 전용 먹이, 전용 샴푸, 전용 옷을 입히면서 가족의 일원으로 여긴다. 개의 호텔 하루 숙박비는 십여만 원에 이르지만 개의 주인들은 이를 아까워하지 않는다. 그런데 다른 한 편에서는 개고기를 먹는다. 복날 몸보신을 위해, 개인적인 취향으로 사람들은 개고기를 찾는다.

지난 1988년 서울올림픽을 앞두고 정부는 보신탕집을 대대적으로 단속했다. 그 이유는 개고기를 먹는 우리의 문화를 외국인에게 보이지 않기 위해서였다. 프랑스의 한 여배우가 한국의 개고기 식용 문화를 비난하면서 찬반 논쟁이 본격화되었고, 현재까지도 이어지고 있다.

개고기를 먹는 것을 비난해서는 안 된다고 주장하는 사람들은 가장 먼저 문화의 상대성을 이야기한다. 식습관이 다르다는 이유로 다른 민족이나 국가를 비난하는 것은 문제가 있다는 것이다. 인류의 문화는 우열을 논할 수 없다. 하나의 잣대로 문화를 평가하기 어렵고 타 문화를 인정하고 존중하는 '문화상대주의'의 관점에서 한국의 개고기 식용 습관을 보아야 한다는 것이다. 또한 이들은 개고기를 좋아하거나 싫어하는 것은 개개인의 음식 취향일 뿐이라고 주장하기도 한다.

반면, '개고기 식용 합법화를 반대'하는 이들은 인간과 가장 친한 반려동물인 개를 먹는 것은 비인간적인 행위라고 주장한다. 예전에는 단백질을 섭취할 수 있는 고기를 구하기 힘들어 개고기를 먹을 수밖에 없었지만, 현재는 개고기 말고도 다른 육류가 충분한데 굳이 개고기를 먹을 이유가 없다는 것이다. 이들은 개고기를 먹는 것은 악습일 뿐이라고 목소리를 높이고 있다.

개는 사람이 가장 먼저 키운 가축이라는 것이 일반적인 의견이다. 구석기 시대의 인간들이 개의 사냥 능력을 알아보고 길들였을 것이라는 주장이 있는 반면 개를 집에서 키운 이유가 언제든지 고기를 먹기 위해서였다는 주장도 있다. 고대에서부터 사람들은 개고기를 식용으로 이용했다는 것이다.

문화의 상대성을 인정해야 한다는 주장도, 개는 음식이 아니라 가족이라는 주장도 모두 귀담아 들어야 할 의견이다. 현재 우리나라 개고기 식용 문화는 옳고 그름을 논할 수 없는 문제이다. 그렇다면 상대방을 비난하기 전에 먼저 그 입장이 되어 생각해 보면서 서로의 주장에 합리성을 찾아 보는 것은 어떨까?

각 나라와 그 나라의 음식을 줄을 이어 봅시다.

정답 ㄱ-②, ㄴ-③, ㄷ-①

3장
음식과 문화 그들의 관계

남편 마법사 로그 등장

"에구머니나!"

마녀가 바닥에 엉덩이를 쿵, 하고 찧었어. 물론 나도 쿵!

"이 놈의 빗자루. 내내 잘 다니더니 마지막에 이렇게 내팽개쳐?"

마녀는 빗자루를 바닥에 내던지며 말했어. 나는 마녀가 내던진 빗자루를 슬그머니 한쪽 벽에 세워 놓았지.

"희지는 괜찮니?"

"네. 괜찮아요. 엉덩이는 조금 아프지만."

"어머머, 내 정신 좀 봐. 수프, 수프!"

마녀는 수프 뚜껑을 열었어.

"아이고, 뜨거워라!"

수프는 달짝지근한 냄새를 풍기며 보글보글 맛있게 끓고 있었지.

"오, 잘 끓고 있구나. 이제 진짜 완성이다. 냄새가 아주 좋은데?"

"정말 냄새가 끝내줘요. 이제 먹어도 되는 거죠? 아참, 소원! 소원을 생각해야지."

나는 어떤 소원을 빌지 한참을 고민했어. 살 빠지는 것? 아니야, 그건 앞으로 내가 군것질 안 하고 조금만 덜 먹으면 될 거야. 시험 잘 보는 것? 그것도 아니야. 열심히 공부하면 되지 뭐. 하면 된다! 엄마가 잔소리를 안 하시는 것? 아니, 아니야! 내가 살 빼고 공부도 잘하면 엄마가 잔소리할 일이 없지. 그렇다면, 뭐가 좋을까?

소원을 딱 한 가지만 빌어야 하니 고민에 빠질 수밖에. 두세 개 정도 소원을 빌 수 있다면 좋을텐데. 나의 소원, 소원은 그래! 그거야!

"희지야, 얘, 도희지!"

"네?"

"도대체 어떤 소원이기에 몇 번을 불러도 대답이 없니?"

"헤헤, 생각했어요. 소원!"

"소원이 뭔데?"

"당연히 비밀이죠. 소원은 마음속으로 비는 거잖아요."

"그렇긴 하지만……. 궁금하니까. 뭐 빌었어?"

"글쎄, 비밀이라니까요."

"알았다, 알았어! 별로 궁금하지도 않았어."

마녀는 새하얀 식탁보가 깔린 식탁에 수프 세 그릇을 차려 놓았어.

"왜 세 그릇이에요? 마녀님이랑 저랑 둘 뿐이잖아요."

"남편이 오기로 했어. 마침 오는구나."

그때 마법사 모자를 쓴 아저씨가 호탕하게 웃으며 들어왔어.

"내가 좀 늦었나? 하하하."

"아니에요. 딱 맞게 왔어요. 자, 앉아요."

그 아저씨가 바로 마녀의 남편이었어. 가만히 보니 닮은 것 같기도 하고, 신기하더라고.

"안녕? 너는 이름이 뭐니?"

까만 망토를 두른 아저씨가 물었어.

"도희지요."

"응? 돼지?"

"아니요! 도. 희. 지!"

"오호, 그래 도희지. 낄낄낄."

뭐가 우스운지 계속해서 큰 소리로 웃었어.

'마녀님과 꼭 닮았어! 쳇!'

기분이 안 좋았지만 참기로 했어. 나는 손님이니까.

"나는 로그(rogue)라고 해. 마법사지. 호닛과 함께 아이들을 속이고 마법 수프를 먹였지. 낄낄낄. 내 이름에는 사기꾼이라는 뜻도 있어. 그래서 그랬나? 하하하. 그래서 나도 호닛처럼 마법사위원회의 벌을 받아 언제나 하하 낄낄 웃는 하하 낄낄 마법사가 되었단다. 하하하!"

'역시, 똑. 같. 다!'

나는 속으로 생각했어.

"여보, 인사가 끝났으면 앉아요. 이제 수프를 먹을 거예요."

"기대돼요! 맛있을 것 같아요."

나는 들떠서 큰 소리로 말했지.

"과연 그럴까? 하하하, 낄낄낄!"

"마녀님! 그런데, 이 뜨거운 수프를 어떻게 먹어요?"

식탁에는 덜렁 수프 세 그릇만 놓여 있었어.

"아참, 내 정신 좀 봐. 식사 도구가 필요하지!"

마녀는 하늘의 별을 따듯 공중에서 팔을 휘휘 저었어. 그랬더니 숟가락, 젓가락, 포크, 나이프가 와르르 식탁 위로 떨어지는 거야.

"에구 에구, 이런. 괜찮니?"

"네, 안 다쳤어요. 그런데 음식은 수프뿐이니까 숟가락만 있으면 되지 않아요?"

"그건, 그렇지! 그렇지만 기왕 이렇게 식사 도구들이 모였으니 하나만 더 이야기하고 수프를 먹자꾸나."

"뭔데요?"

나는 소원을 들어주는 수프를 빨리 먹고 싶었지만 자꾸 재촉하면 마녀가 아예 못 먹게 할지도 모른다는 생각이 들어서 잠자코 듣기로 듣기로 했어.

"식사 도구는 동서양의 음식 문화에 따라 달라."

"그건 저도 알아요. 동양은 젓가락을 사용하고, 서양은 포크와 나이프를 사용하잖아요."

"그래, 많이 봤지? 동아시아는 쌀 문화권이기 때문에 수저와 젓가락을 사용하지. 한국을 비롯한 중국과 일본 베트남이 대표적인 쌀 문화권 나라야. 그리고 유럽과 미국과 같은 육식 문화권에서는 포크와 나이프를 사용해. 포크로 고기를 잡고 나이프로 썰어 먹어. 여기까지는 너도 아는 내용이지?"

"네, 안다니까요. 그런데 다른 것도 있어요?"

"내 그럴 줄 알았지. 당연히 다른 식사 도구가 있지. 바로 손이야. 인도와 태국을 비롯한 동남아 각국과 중동 지역, 그리고 아프리카와 같은 열대 지역에서는 손으로 식사를 한단다."

"왜 손으로 먹어요? 그러면 뜨거운 음식은 어떻게 먹어요?"

"손으로 음식을 먹는 가장 큰 이유는 기후 때문이야. 열대 기후 지역에 사는 사람들은 뜨거운 음식을 즐겨 먹지 않아. 오히려 모든 음식을 식혀 먹지. 게다가 이 지역의 주식은 찰기 없는 쌀로 지은 밥이나 물기 없는 납작한 빵이거든. 그러니 손으로 먹는 게 오히려 편했던거야. 또 다른 이유도 있어. 손으로 음식을 먹을 때 느끼는 '촉감의 맛'을 즐긴다나 어쩐다나?"

"오, 촉감의 맛! 그거 괜찮은데요? 그럼 저도 촉감의 맛을 한 번?"

나는 수프에 손을 갖다 대다 깜짝 놀라 얼른 뗐어.

"앗, 뜨거워!"

"내가 식은 음식이라고 했잖니. 희지 너, 성격이 급하구나?"

나는 너무 뜨거워 손을 후후 부느라 마녀의 말을 듣는 둥 마는 둥 했어.

"식사에는 예절이 있는 법! 안 되겠다. 이참에 식사예절에 대한 이야기도 해야겠어."

"저도 안다고요, 알아. 어른과 식사할 때는 어른이 먼저 수저를 드신 다음에 먹는다. 소리 내지 않고 먹는다. 밥그릇을 들고 먹지 않는다. 뭐 그런 거잖아요."

"잘 알고 있는데? 알면 좀 지키려무나. 그건 그렇고, 네가 방금 말한 건 우리나라 예절이고, 다른 나라에는 그 나라만의 식사예절이 있어. 네가 방금 말한 대로 우리나라에서는 밥그릇이나 국그릇을 들고 먹지 않아야 예의 바르다고 생각해. 하지만 일본에서는 숟가락을 사용하지 않기 때문에 국그릇을 들고 국물을 마신단다. 일본에서는 국그릇을 들고 마시는 게 예의에 어긋나는 행동이 아닌 거지."

"정말이요? 저는 동양 사람들은 모두 숟가락과 젓가락을 사용하는 줄 알았어요."

"우리나라의 식사 예절에 대해 좀 더 얘기하자면, 아까 네가 말한 것처럼 어른과 식사할 때는 어른이 먼저 수저를 드신 후에 먹고 숟가락과 젓가락은 한꺼번에 들고 사용하지 않는 게 예의 바른 행동이야. 밥그릇이나 국그릇은 손으로 들고 먹지 않고 음식이 입 안에 있을 때는 말하지 않아야 해. 반찬은 뒤적이거나 헤치지 않고 한쪽에서부터 먹어야 하고. 혼자 먹는 게 아니니까 말이야. 웃어른보다 먼저 식사가 끝났을 때는 수저를 밥그릇이나 물 그릇 위에 얹어 놓았다가 어른의 식사가 끝난 후에 수저를 오른쪽에 가지런히 내려놓아야 하고. 요즘에는 이런 예절을 고리타분하다고 생각할 수도 있어. 이것을 다 지키지는 못하더라도 여럿이 밥을 먹을 때 지켜야 하는 기본적인 예의는 알아두는 것이 좋겠지."

"그런데 마녀님, 식사가 먼저 끝났다고 자리를 뜨면 안 되는 거예요? 저는 집에서 밥 먹을 때, 제가 좋아하는 프로그램을 보려고 일등으로 먹고 거실로 갔는데요."

"쯧쯧, 예의가 없는 학생이군."

"이제 알았으니까 앞으로 조심하면 되잖아요."

"그래, 뒤로는 못하니까 앞으로 잘해야지. 호호."

"뭐야, 썰렁해요"

"흠흠, 내 유머를 이해 못하는군. 그건 그렇고 일본에서는 식사하기 전에 반드시 인사를 해야 해. 숟가락을 사용하지 않고 젓가락으로만 음식을 먹기 때문에 밥, 국, 차 같이 작은 그릇에 담긴 음식은 반드시 들고 먹어. 한국과는 정말 많이 다르지? 반찬은 오른쪽에 있는 것부터 왼쪽에 있는 것을 먹어야 해. 밥을 다 먹고 난 다음에는 밥그릇에 물을 붓고 젓가락 끝을 헹구어 젓가락 받침에 놓고 밥뚜껑을 처음처럼 다시 덮어 놓아야 해. 그리고 다시 인사."

"너무 어려워요!"

"이걸 전부 다 지켜야 한다는 건 아니야. 이렇게 각 나라마다 식사 문화가 다르다는 걸 이해하는 게 중요하다는 거지."

"그래도 일본 식사 문화는 어려운 것 같아요. 그럼 중국은요? 중국은 어때요?"

"중국은 한국, 일본과는 또 달라. 한국과 일본은 한 상에서 반찬을 같이 먹잖니? 하지만 중국은 반찬을 함께 먹지 않고 큰 접시에 음식을 담아 식탁을 차리고, 조금씩 덜어 먹지. 손님을 초대했다면 접대하는 사람이 나누어 주기도 해."

"아, 알아요! 예전에 엄마랑 중식당에 가 본 적이 있는데 회전 원탁을 돌려가면서 각자의 접시에 덜어 먹었어요. 뱅글뱅글 돌아가는 식탁이 정말 재미있었어요."

"그래, 중국에서는 그렇게 덜어 먹지. 또 다른 점이 있어. 중국은 차를 많이 마시는 나라잖아? 그래서 보통 한국이나 일본은 식사가 끝나면 차를 마시는데, 중국은 음식이 나오기 전에, 그리고 음식을 다 먹은 다음에 차가 나와. 두 번 나오는 셈이지. 그리고 국물이 있는 면류를 먹을 때는 왼손에 숟가락을, 오른손에 젓가락을 쥐고, 국수를 숟가락에 얹어서 먹지."

"중국 사람과 우리나라사람이 함께 식사를 한다면 서로 예의가 없다고 생각하겠어요. 서로의 식사 문화가 너무 다르니까 말이에요."

"호호, 그렇지. 동양과 달리 서양에서는 식단의 순서에 따라 한 가지씩 음식을 먹어. 서양의 코스요리를 생각하면 돼. 에피타이저, 메인요리, 디저트가 순서대로 나오잖아. 다 먹은 음식 접시를 치우고 나서 다음 음식이 나오고. 식사 중에는 물 잔이 계속 채워져 있어야 한단다. 내가 가장 좋아하는 음식인 수프는 서양에서 많이 하는 음식이지. 수프는 숟가락을 먹는 사람의 안쪽에서 바깥쪽으로 움직여 뜨고 빵은 손으로 한 입 크기만큼 떼어 먹지. 포크와 나이프는 종류가 많은데, 보통은 음식 순서에 따라 바깥쪽에 놓인 것부터 사용하면 돼. 포크는 왼손, 나이프는 오른손에 쥐고 사용한단다. 포크와 나이프는 접시 양쪽에 팔(八)자로 걸쳐 놓으면 식사 중이라는 표시야. 접시 오른쪽에 포크와 나이프를 모아 놓으면 음식을 다 먹었다는 표시이고. 만약 음식을 다 먹지 않았어도 포크와 나이프를 가지런히 모아 놓으면 다 먹었다는 표시로 알고 접시를 가져가 버릴 수도 있으니 이건 알아두는 게 좋겠지.”

"왼쪽 오른쪽, 안쪽 바깥쪽……. 헷갈려서 밥도 편하게 못 먹겠어요.”

"낄낄낄, 이렇게 말로 하니 어려운 것 같지만 몸에 배어 습관이 되면 자연스럽고 편해지는 거야. 그러니 좋은 습관을 기르는 게 중요하다고. 하하.”

"지금껏 식사예절 이야기하다가 좋은 습관을 기르는 게 중요하다니, 결론이 이상하다고요.”

"둘 다 중요하다는 거야. 자, 이제 수프가 적당히 식었으니 각자 소원을 빌고 수프를 먹자."

지글보글 마녀와 하하 낄낄 마법사 그리고 나는 조용히 눈을 감고 각자의 소원을 빌었어. 경건한 시간이었지. 그리고 수프를 한입 떠먹었어.

"맛이 어때요? 여보?"

"낄낄낄!"

"맛이 어떠냐니까요?"

"그러니까……. 내가 싫어하는…… 감자가……. 하하하!"

"전에는 피망이 싫다고 하더니, 이젠 감자가 싫다고요?"

마녀는 화가 난 듯 소리를 버럭 질렀어.

"아…… 아니, 낄낄낄."

"당신이 피망을 싫어해서 피망을 좋아할 때까지 코에 붙였던 일을 잊으셨나본데?"

"하하하 낄낄낄!"

마법사는 손사래를 치면서도 웃음을 멈추지 못했지. 불쌍하다는 생각이 드는 순간!

"자! 이젠 감자를 싫어하지 못할 테지. 좋아하게 될 때까지 감자 냄새를 실컷 맡아 봐요!"

글쎄, 마녀가 마법사의 코를 감자로 바꿔 버렸지 뭐야. 심술 마법은

내 코오~

으잉?

뽁!

싹까지
돋았어!!

더 이상 못한다더니. 아직 조금은 능력이 남아 있었나 봐.

"편식은 몸에 좋지 않아! 그렇지, 희지야?"

마녀가 나를 쳐다보았어.

"그, 그럼요! 편식은 나쁘죠. 하면 안 되요."

내 목소리는 개미만큼 작아질 수밖에.

"희지야, 어떠니? 맛있니?"

"맛…… 맛있어요! 정말로……."

마녀는 흐뭇하게 웃으며 수프를 싹싹 다 먹어야 소원 수프의 효력이 있다는 말을 몇 번이나 강조했어. 정말 수프의 맛이 궁금하니? 소원 수프의 맛은 말이야, 한 마디로…….

우웩! 켁켁켁!

"여러분, 천천히 먹고 더 드세요. 수프는 얼마든지 있으니까."

마녀는 자기가 끓인 수프를 무척 자랑스러워하는 것 같았어. 나는 천천히 수프를 먹으면서 마녀 수프와 마녀 주스는 같은 마녀가 만든 게 아닐까 하는 생각을 했다니까.

종교와 음식이 관계가 있을까?

"식사는 자고로 즐겁게 해야지. 분위기가 너무 딱딱해. 이야기를 나누자고, 이야기."

분위기가 왜 이 모양인지 정작 마녀만 모를 뿐이지, 뭐.

"하하 낄낄."

"웃지 좀 말고!"

마녀가 마법사를 흘겨보았어.

"왜 웃지 말라고 하세요? 우는 것보다는 낫잖아요."

이번에는 마녀가 나를 흘겨보았어.

"그렇게 보면 무서워요. 마녀님, 저 궁금한 게 있는데 여쭤 봐도 되요?"

"그래, 물어보려무나. 궁금한 게 있다니 좋은 현상이야."

"우리 반에 새로 전학 온 아이가 있는데 특이하게도 그 애의 종교는 이슬람교래요. 며칠 전 급식에 제육볶음이 나왔는데 돼지고기라고 안 먹더라고요. 그것도 음식 문화랑 관련이 있는 거죠?"

"어떻게 알았지? 호호. 돼지고기는 비타민B1이 풍부하고 지방질도 쉽게 소화되는 훌륭한 음식이야. 그런데 이슬람교를 믿는 사람들은 돼지고기를 먹지 않아. 그 이유는 이슬람교를 주로 믿는 중동 지역의 환경과 깊은 관련이 있어. 돼지는 땀샘이 없기 때문에 태양열이 강하고 건조한 사막지역에서는 열사병에 걸리기 쉬워. 체온이 올라가면 체온을 낮추기 위해 반드시 물이 필요하지. 사막에서 물이 얼마나 중요한지 알지? 돼지의 체온을 낮추기 위해 물을 사용할 순 없는 일이지. 그리고 중동 지역 사람들은 목초를 따라 이동하는 유목 생활을 해. 그러니까 유목민들이 기르는 가축으로 돼지는 적당하지 않은 동물인 거야. 환경적으로 불리한 돼지의 사육을 금지한 중동지역의 불가피한 선택이 이슬람교에 영향을 미친거야."

"그럼 돼지는 정착생활을 하는 농경민에게 유용한 가축이겠네요?"

"그런 셈이지."

"이슬람교는 돼지고기를 안 먹는 종교고. 잠깐만, 그러면 소고기를 안 먹는 종교도 있어요?"

"있지. 그런데 어떻게 알았어? 찍은 거지?"

"흐흐, 네. 혹시나 해서 물어본 거였는데 정말 있을 줄이야."

"소를 신성시 여겨서 고기를 먹지 않는 종교는 힌두교야. 그것도 이슬람교와 비슷해. BC.2000년 경, 인도를 정복한 아리아인은 유목민으로 황소를 숭배하는 전통을 가지고 있었대. 하지만 그때까지만 해도 힌두교 경전에는 소를 배척하거나 특별히 보호하지는 않았어. 그러나 인구가 차츰 증가하면서 목초지가 개간되었고, 초식동물인 소가 먹을 것이 없어지면서 소는 점차 외곽지대로 물러났지. 그러면서 소의 개체 수가 줄어들었고, 소의 가격이 상승하게 되었다고 해. 그래서 사람들은 소를 도살하여 먹는 것보다 소를 이용해서 곡물을 경작하는 것이 더 효율적이라고 판단한 거야. 소가 줄어들면 농사를 사람의 힘으로만 지어야 하니 힘이 많이 들고, 암소는 송아지와 우유를 생산하고, 소의 배설물은 좋은 연료로 사용할 수 있으니 얼마나 쓸모가 많아? 이렇듯 효율성이 크고 야크, 말, 양, 낙타 등 다른 동물에 비해 비교적 온순하기 때문에 소가 힌두교의 상징이 된 것이지. 인도의 성인 간디도 '소는 우유를 제공해 주는 것 뿐만 아니라 모든 동물의 어머니다'라고 하며 소 숭

배 사상을 강조했어."

마녀는 길게 이야기하느라 숨이 찼는지 말을 끝내자마자 물을 벌컥벌컥 마시더라.

"하하하, 그러니까 종교의 금기 음식은 이슬람교의 환경적 조건, 힌두교의 효율성 등이 반영된 거란 설교 말씀. 유교는 제한하는 음식이 없는데. 낄낄낄."

마녀의 말을 듣고 있던 마법사가 끼어들었어. 아까부터 한마디하고 싶어 하는 것 같더니만.

"유교요? 조선 시대 유교 사상 말씀하시는 거예요? 그런데 유교가 종교였나?"

마법사의 말을 들은 나는 물었어.

"낄낄. 유교는 종교라고는 할 수 없지만 한국은 사회 전반적으로 유교의 영향을 많이 받았지. 한국을 비롯한 동아시아의 한자 문화권에서는 일반적으로 설날이나 추석 등의 명절에 차례를 지내지. 이것도 유교

의 영향이야. 차례 음식을 만들 때에는 예와 정성을 다하여 극진하게 만들며 재료는 최상의 것을 사용하고 갖가지 과일, 채소, 고기, 물고기 등을 사용하지!"

마법사는 입맛을 다셨어.

"역시 우리나라 음식이 최고야!"

맛이 고약한 마법 수프로 입맛을 버린 나는 우리나라 음식들을 생각하자 다시 입맛이 돌았어.

"희지는 수프를 다 먹었니?"

마녀가 내 수프 그릇을 힐끗 보았어.

"하하 낄낄, 맛이 없으니 먹을 수가 있나?"

무심코 말을 내뱉은 마법사는 얼른 자기 입을 틀어막았어. 그러나 때는 이미 늦었지. 마녀의 눈에서 불꽃이 튀면서 빗자루를 들고 막 달려드는 거야. 나는 얼른 마법사를 막아섰지만 마녀는 그대로 돌진! 으아악!

마녀가 빗자루로 마법사를 마구 때리려는 순간, 마법사가 망토를 펼쳐 나를 감쌌어.

> 토론왕 되기!

국물, 내 안에 MSG있다

식품에 맛을 더하거나, 더욱 강하게 만드는 역할을 하는 식품 첨가물 중 대표적인 것이 바로 인공 조미료이다. 지난 수십 년간 저렴하면서 쉽게 맛을 낼 수 있어 애용되었지만, 최근 인체에 유해하다는 주장이 제시되면서 MSG 조미료 사용에 대한 논란이 이어지고 있다.

MSG가 발견된 지는 100년이 넘었다. 1907년 키쿠나에 이케다 일본 도쿄대 물리화학과 교수는 다시마 국물과 고기에서 나는 특유의 맛에 주목했다. 단맛, 신맛, 쓴맛, 짠맛의 4가지 기본 맛과 확연히 다른 맛이었다. 이케다는 이 맛에 우마미(감칠맛)라고 이름을 붙인 뒤 이 맛을 내는 물질을 분리하는 연구를 시작했는데, 이것이 현재의 MSG이다.

MSG 안정성에대한 논란은 1968년 미국의 한 의사가 중국 음식을 먹은 후 느낀 불편함을 MSG 때문이라고 주장한데서 비롯됐다. 화학조미료를 먹으면 알러지 반응이나 무력감, 두통, 답답함 등의 증상이 생기고, 신경계에 영향을 끼치며 비만과 당뇨를 유발한다는 것이다.

그런데 MSG의 원료인 글루타민산은 자연계에 흔한 물질이다. 우리 몸 안에서도 스스로 합성된다. 모유 100ml에는 글루타민산염이 20mg 가까이 들어 있다. 다시마 국물 100ml에는 글루타민산염이 21~22mg

들어 있으니까 큰 차이가 없다. 토마토에는 100g당 글루타민산염이 140mg, 간장 100g에는 1000mg, 파마산치즈 100g에는 1200mg이나 들어 있다. 콩이나 고기처럼 단백질이 많은 곳에는 단백질 형태의 글루타민산이 더 많다.

MSG의 문제는 따로 있다. 글루타민산에 꼭 붙어 있는 소듐이다. MSG를 많이 먹으면 자연스럽게 소듐 섭취도 늘어난다. 과도한 소듐 섭취는 고혈압이나 비만, 당뇨의 원인이다. 하지만 MSG의 긍정적인 측면도 있다. 소금을 적게 넣어도 맛이 나기 때문에 같은 요리를 하더라도 염분 섭취를 줄이는 효과가 있다는 것이다. 하지만 한꺼번에 너무 많은 양을 사용하면 문제가 발생할 수 있다.

MSG의 유해성에 대해서는 현재 안전하다고 결론이 난 상태이다. 특히나 가정에서 맛을 보충하는 정도로 조금 사용하는 것은 큰 문제가 없다는 것이 최근의 경향이다. 그럼에도 불구하고 MSG에 대한 불안감은 사라지지 않고 있다.
인공적인 조미료에 대한 거부감이 사라지지 않는 한 이 논란은 계속될 것으로 보인다.

우리나라 명절음식

우리나라는 4계절이 뚜렷하고 그 계절에 나는 곡식과 채소로 음식을 만들어 먹었어요. 우리나라의 절기와 그 절기에 먹었던 음식에는 어떤 것이 있을까요?

1. 이제부터 네가 사는 한국의 명절과 음식에 대해 이야기해 볼까?

2. 좋아요, 제가 먼저 할래요. 음력 1월 1일 설날에 나이 한 살을 더 먹는다는 뜻으로 **떡국** 을 먹어요. 오래 살라고 긴 가래떡을 뽑아 떡국을 끓이는 거래요.

3. 그래, 그리고 1월에는 음력 1월 15일, 정월 대보름이 있지. 이날은 오곡밥과 아홉 가지 나물을 먹어. 신라 소지왕은 까마귀의 도움으로 궁중의 음모를 밝히고 목숨을 구한 일이 있었는데, 도움을 준 까마귀들에게 감사의 뜻으로 찹쌀밥을 지어 까마귀에게 바쳤다는구나. 그것이 **약식** 과 **오곡밥** 의 유래가 되었다고 해.

4. 그래서 약식과 오곡밥이 까만색인가?

12. 이 다음은 추석 아니에요? 음력 8월 15일이고 **송편** 을 먹어요. 햇과일과 햇곡식으로 차례도 지내고 성묘도 하고요. 송편은 솔잎을 넣고 떡을 쪄서 솔떡이라고도 하잖아요.

13. 다음은 음력 9월 9일! 중양절이라고 해. 봄에 3월 3일 삼짇날에 봄소풍을 가서 진달래화전을 먹었다고 했지? 이날은 단풍놀이를 하며 **국화전** 을 먹었단다.

14. 그 다음은 동지! 귀신을 쫓기 위해 **팥죽** 을 끓여 먹는 날이잖아요. 자기 나이만큼 새알심을 먹어요.

6
일을 더 하라는 뜻 아니에요?

5
호호, 그럴지도 모르지. 음력 2월 1일은 머슴날이라고 해. 한해 농사를 맡아줄 노비와 일꾼들을 위해 송편 을 만들어 나누어 준 날이야. 지금의 노동절이라고 할 수 있지.

7
그렇지, 하하하. 음력 3월 3일은 삼월 삼짇날이라고 해. 이날은 진달래화전 을 만들어 조상의 사당에 올리고 봄 소풍을 갔단다. 이걸 화전놀이라고 하고, 화전놀이를 하면서 불렀던 '화전놀이 시'도 있어. 들어 볼래?
"작은 시냇가에서 솥뚜껑을 돌에다 받쳐/ 흰 가루와 맑은 기름으로 진달래꽃 지지네/ 젓가락 집어 들고 부쳐놓은 떡 먹으니/ 향기가 입에 감돌아 일 년 봄빛을 뱃속에 전하네."

10
다음은 단오죠? 이건 저도 알아요. 단오를 수릿날이라고 하는데, 수릿날 취를 넣어 만들었다고 해서 이날 먹는 떡을 수리취떡 이라고 하잖아요. 수리는 수레를 뜻하기도 하는데, 그래서 단오에 먹는 떡을 바퀴모양으로 찍었고요. 참, 이날은 창포물에 머리를 감는 날이기도 해요.

8
마녀님이 금방 지은 거 아니에요?

11
잘 아는구나. 다음은 음력 6월 15일 유두야. 옛날에는 6월을 '썩은 달'이라고 했어. 음식을 만들어 놓기 무섭게 쉬니까. 그래서 유월에는 이사도 안가고 장도 안 담갔단다. 유두는 보리를 거둬들이고 맞는 명절이라 보리개떡 을 먹었어. 그리고 여름에 세 번 오는 복날이 있는데 들어 본 적 있지? 초복, 중복, 말복 말이야. 더위에 지친 몸의 기력을 되살리기 위해 고기를 먹었지. 닭을 넣은 삼계탕, 소고기를 넣은 육개장!

9
진짜라니까. 믿어. 다음은 양력 4월 5일 혹은 6일 경인 한식이야. 이날은 식목일과 겹칠 때가 많단다. 그래서 그날 나무도 심고 성묘도 하지. 한식은 찬 음식을 먹는 날이기 때문에 불을 사용하지 않는 날이기도 해.

4장 좋은 환경은 좋은 음식을 만든다

🍔 아이스크림, 저도 참 좋아하는데요

"엄마야!"

나는 깜깜한 망토 안에서 눈을 꼭 감고 소리쳤어. 그런데 한참동안 잠잠하더라고. 아무 일도 없는 건가?

"괜찮아, 괜찮아. 낄낄낄."

마법사의 웃음소리에 나는 천천히 눈을 떴어. 화려한 조명에 온갖 음식이 맛있게 차려진 뷔페식당이었어.

"어? 여기는?"

"하하하, 네가 '엄마야!' 하고 소리치는 바람에 네 엄마가 있는 곳으로 와 버렸지."

"여기에 엄마가 있다고요?"

나는 어리둥절해서 주위를 둘러보았어. 둥근 식탁에 옹기종기 모여 앉아 맛있게 음식을 먹고 있는 사람들 틈에 엄마, 아빠 그리고 동생이 있었어. 한가득 음식을 쌓아 놓고 정신없이 먹고 있었지.

"이럴 줄 알았어. 나한테는 겨우 마녀 주스 한 잔만 주고서는 이렇게 맛있는 음식을 쌓아 놓고 먹다니! 배신자들."

내가 씩씩거리며 가족들이 있는 곳으로 가려고 하는데, 마법사가 나를 말렸어.

"낄낄낄, 그래 봐야 소용없어. 사람들은 우리가 안 보일걸?"

"안 보여요? 왜요?"

"마법으로 날아왔으니까. 너도 지금 내 마법으로 둘러싸여 있거든. 하하하."

"에이! 치사해!"

엄마에게 한 말인지, 마법사에게 한 말인지 나도 모르지만, 어쨌든 치사해!

"기왕 이렇게 된 거 맛있는 음식이나 실컷 먹고 가요. 마법사님!"

나는 커다란 접시에 음식을 마구 담기 시작했어. 그 음식들을 먹을 생각에 화가 조금 풀리는 것 같았지. 빈 테이블에 자리를 잡고 햄샐러드를 입에 넣으려는 순간, 마법사가 내 손을 잡았어.

"낄낄낄, 이걸 먹으려고?"

"그럼 먹지, 버릴까 봐요?"

나는 마법사의 손을 뿌리치고 햄샐러드를 크게 한 숟가락 떠서 입에 넣었지. 음! 바로 이 맛이야. 혀에서 살살 녹는 맛. 마녀가 만든 수프와는 비교도 할 수 없는 환상적인 맛! 이번에는 치킨 한입. 미트볼도 한입, 초코시럽에 찍어 먹는 열대과일 꼬치도 한입, 딸기 아이스크림도 한입. 역시 최고!

"아, 안 돼, 희지야. 끼, 이일낄낄."

어쩐지 마법사의 웃음소리가 신음소리처럼 들렸어.

"마법사님은 왜 안 드세요? 엄청 맛있어요. 마법사님도 드세요."

"하, 흐흐하하. 그 음식의 비밀을 알면 넌 아마."

"네? 무슨 비밀이요?"

"희지 네가 지금 먹은 음식을 맛있다고 느끼는 건 모두 화학조미료의 맛이란다. 끼, 이일낄낄."

"화학조미료요?"

"그래, 화학조미료에 들어있는 글루탐산나트륨(MSG)은 화학적 추출 과정을 거쳐 만든 결정체란다. 해물과 야채 등을 푹 우린 것과 같은 감칠맛과 구수한 맛을 내지. 그렇지만 많이 먹으면 신경쇠약, 두통 같은 증상이 나타날 수도 있다고 해. 적게 먹는 건 괜찮지만 많이 먹으면 부작용이 있어. 화학조미료는 네가 좋아하는 패스트푸드, 라면, 과자, 각종 소스, 인스턴트 음식에 많이 들어 있지. 하, 흐흐하하. 네가 방금 먹은 햄샐러드의 햄도 돼지고기, 소고기, 닭고기, 생선 등 여러 고기를 섞고 식품첨가제를 넣어 만들어. 맛있게 보이려고 붉은 색을 띠는 아질산염이라는 화학 성분을 사용하는데 이건 암을 일으킬 수도 있단다. 희지 너희 엄마가 집에서 음식을 하신다면 요리에 쓰지 않을 부분들, 그러니까 지방이나 내장 같은 것들이 가공된 식품에는 모두 들어 있지.

가격을 낮추기 위해 질이 낮은 잡다한 부위를 모두 사용하거든. 그러니 화학조미료 때문에 맛은 있을지 모르겠지만 지방도 많고 칼로리도 높지. 끼, 이힐낄낄. 그리고…….”

 "그리고요? 또 뭐가 있어요?"

너무 깜짝 놀라 되물었어. 지금까지 내가 맛있게 먹은 것이 화학성분들 때문이었다니!

 "그 햄샐러드에 있는 옥수수 말이야. 하, 흐흐하하. 그 옥수수는 대표적인 유전자재조합 식품이야."

 "유전자재조합 식품이요? 그건 또 뭐예요?"

 "말 그대로 작물의 유전자를 조작해 새로운 품종을 만들어 낸 거야. 유전자를 조작한 농산물을 '유전자 변형 농산물' 또는 '유전자 조작 농산물(GMO)'이라고 해. 유전자를 조작해 만든 새로운 종자는 대부분 이전 종자보다 더 맛있거나 수확량이 더 많아. 끼, 이힐낄낄."

 "그런데 뭐가 문제에요? 맛도 좋고 많이 수확하면 좋은 거잖아요."

 "유전자를 조작해 만든 작물은 이전까지 사람들이 먹어본 적이 없는 음식이야. 그러니 지금 당장은 수확량도 많고 맛도 좋지만 앞으로 그 음식을 먹은 사람들에게 어떤 영향을 끼칠지 아무도 모르는 게 가장 큰 문제란다."

 "그런데 유전자 조작 농산물은 왜 만든 거예요?

"너희가 먹고 있는 대부분의 작물들은 자연 상태에서 자라는 작물들이 아니라, 육종을 거쳐 개발된 작물들이란다."

"육종? 육종은 또 뭐예요? 뭐가 이렇게 어려워요."

"처음 들어보는 말이지? 기다려 봐. 설명해 줄 테니. 육종은 비슷한 작물들을 서로 교배시켜 우수한 형질의 작물을 만드는 거야. 더 맛있고, 더 많이 생산할 수 있는 것으로 말이야. 그런데 이 육종 기술은 같은 종의 식물이나 아주 가까운 종의 식물끼리만 교배할 수 있기 때문에 한계가 있지. 그렇지만 생명공학 기술을 응용하면 육종의 한계를 극복할 수 있어. 유전자 변형으로 생물을 만드니까. 동물과 식물의 유전자를 섞을 수도 있고, 식물의 유전자를 재배열해서 만들 수도 있고. 훨씬 더 다양한 가능성이 있는 거야. 낄낄."

"새로운 식물을 만들려고 유전자 조작 농산물을 만든 거예요?"

"그렇지. 사람들은 토마토의 유전자를 조작해서 쉽게 무르지 않는 토마토를 만들어서 팔았어. 토마토는 쉽게 물러 버리기 때문에 그동안 팔기도 어렵고 보관하기도 어려웠거든. 이후 농사를 편리하게 지을 수 있도록 제초제나 해충에 강한 작물을 만들었지."

"아까 제가 먹던 햄샐러드에 있던 옥수수가 유전자 조작이 된 작물이라고 하셨죠?"

"그렇다니까, 유전자 조작 작물 중에는 옥수수가 가장 일반적이야.

유전자 조작 식품을 '프랑켄푸드'라고 부르기도 해. 프랑켄슈타인 알지? 과학의 발달로 탄생하게 된 영화 속 괴물 같은 모습의 주인공 말이야. 그 이름을 빌린 거지."

"웩!"

나도 모르게 토할 뻔 했어. 진짜로 우웩 켁켁켁!

"네가 먹고 있는 그 딸기 아이스크림도 문제야."

나는 먹고 있던 아이스크림을 봤어.

"아이스크림이 왜요? 이건 딸기가 든 거잖아요. 혹시 유전자 조작 딸기라도 든 거예요?"

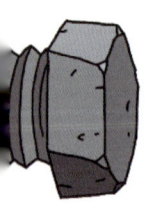

"그 딸기 아이스크림에 정말로 딸기가 들어 있을까?"

"그럼요? 딸기 말고 뭐가 들어 있어요?"

"뭐가 들어 있는지 이제부터 알려줄게. 우선 딸기가 아니라 딸기와 비슷한 색을 내는 색소를 넣어. 아이스크림이 흘러내리지 않도록 하는 유화제, 안정제 등의 합성첨가제도 들어가지. 네가 지금 먹고 있는 아이스크림은 딸기 아이스크림이 아니라 정확히 딸기맛 아이스크림인 거야. 바나나맛 우유, 복숭아향 음료수, 오징어맛 과자 등, ~향 ~맛 이라는 표기가 되어 있는 제품들에는 모두 그런 합성첨가제가 잔뜩 들어 있다고 보면 되지. 하, 흐흐하하."

아, 그래서 마녀님이 순수한 물이 제일 좋다고 하셨구나? 나는 내가 그동안 먹어온 햄버거, 라면, 과자, 음료수, 음료수 등이 떠올랐어. 족히 열 트럭은 넘겠지?

"그럼, 뭘 먹어야 돼요? 이거! 이건 생과일이니까 괜찮죠?"

나는 열대과일 꼬치를 들어 보이며 말했어.

"낄낄낄. 생과일이라고 아무런 첨가물이 들어 있지 않을까? 특히 요즘에는 수입 과일들이 많지. 네가 들고 있는 열대과일 꼬치도 수입 과일이고. 바나나를 예로 들어 볼까? 수입 바나나는 바나나를 수확해서 네가 먹게 되기까지 4~6주 정도 걸려. 배에 실어 우리나라로 수입하니까 말이야. 그런데 그동안 바나나가 무르거나 상하면 안 되겠지? 그래서 방부제 용액에 몇 시간 동안 담갔다가 배에 싣게 돼. 재배할 때 농약을 치는 것으로도 모자라 수확하고도 약품에 푹 담가 버리는 거야. 하하하."

"그럼, 대체 뭘 먹어야 하는 거예요?"

접시 위의 먹음직한 음식들이 모두 쓰레기로 보였어. 그때 어디선가 아이의 비명 소리가 들렸어.

"으아악. 아이고 배야. 엄마 배 아파, 배 아파."

어디서 많이 듣던 목소리. 동생이면서도 나를 얕잡아보는 내 동생 도희수였어.

"희수야!"

나는 동생이 있는 곳으로 달려갔지.

"갑자기 왜 그래?"

엄마가 놀라서 희수를 안았어.

"배가, 배가 너무 아파."

동생 입가에는 케이크 크림이 얼룩덜룩 묻어 있었지.

"애가 너무 많이 먹었나?"

아빠도 근심스러운 얼굴로 희수의 땀을 닦아 주었어. 희수는 도저히 못 참겠는지 배를 부여잡고 바닥을 데굴데굴 구르기 시작했어.

"여보, 안 되겠어. 일단 병원에 가자."

아빠는 희수를 업고, 엄마는 그 뒤를 따라 뛰어나가셨지.

희수가 많이 아픈가, 괜찮아야 할 텐데……. 만날 구박하는 동생이지만 아프다니 걱정이 되더라고.

"혹시, 화학조미료가 많이 들어간 음식을 먹어서 배가 아픈 거예요?"

"아닐 거야. 하하하. MSG나 인공첨가제는 그렇게 빨리 부작용이 나

타나지 않아. 시간이 흐른 다음 천천히 부작용이 나타나기 때문에 오히려 문제인거지. 저녁을 과하게 먹어 배탈이 난 모양이야. 곧 괜찮아질 거야."

난 마법사의 말을 믿기로 했어. 마법사니까.

"어어어~ 하하 낄낄."

갑자기 마법사가 놀라며 소리쳤어. 언제 왔는지 마녀가 마법사의 감자코를 잡아당기고 있었어.

"아파, 아프단 말이야! 하하 낄낄."

"어딜 갔나 했더니 여기 있었군. 당신 때문에 내 빗자루가 얼마나 돌아다녔는지 알아요?"

"낄낄낄. 미안, 미안! 제발 내 코 좀! 차라리 이 감자를 떼어 주든가."

"어림도 없지! 이 감자코 잡기도 힘드네! 바꿔 버려야지."

이번엔 마법사의 코가 가지로 변했어. 감자보다 훨씬 우스운 꼴이 되

어 버렸어.

"좋아, 잡기에 딱 좋아. 호호호."

나는 마녀를 따라 웃어야 할지 말아야 할지 중간에서 입장이 난처했어.

"하하하 낄낄낄. 아프단 말이야. 제발~!"

"희지야, 어서 타! 가자."

나는 마녀의 빗자루에 탔어. 마녀는 한 손으로 빗자루를 잡고 다른 한 손으로 마법사의 코를 잡고 슝~!

"그렇게 도망가면 내가 못 찾을 줄 알았어요?"

"정, 정말 미안해. 여보!"

"도희지 너! 내 수프를 두고 뷔페에 가서 맛있는 거 실컷 먹고 왔니?"

"아, 아니요! 앞으로는 뷔페 식당에 가도 많이 못 먹을 것 같아요."

"왜?"

"거기에 있는 음식들은 온통 화학조미료에 수입산 고기와 과일은 온통 방부제 덩어리였어요. 마법사님이 아니었다면 그런 사실도 모르고 맛있다고 먹을 뻔했어요."

"마법사가?"

"네, 안 그래도 음식들을 잔뜩 쌓아 놓고 먹으려고 했는데, 그 음식의 비밀을 마법사님이 말씀해 주셨어요."

마녀가 마법사를 쳐다보았어. 주눅이 든 마법사는 고개를 푹 숙이고 있었어.

"좋은 일을 했으니 이번 일은 내가 특별히 용서하겠어요."

"하하 낄낄."

 우리는 무엇을 먹어야 하지?

"그런데, 마녀님. 마법사님 말씀을 듣고 보니 세상에 먹을 게 하나도

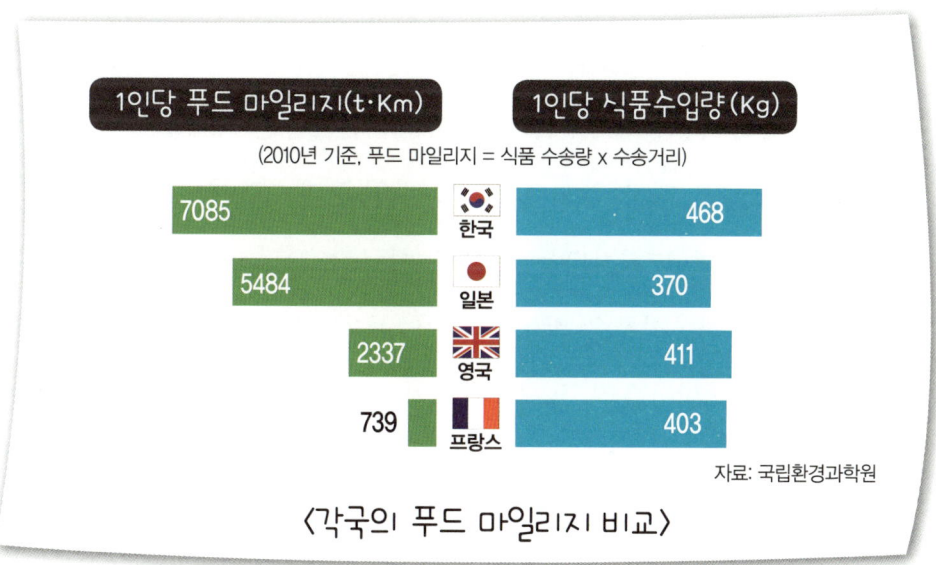

〈각국의 푸드 마일리지 비교〉

없더라고요. 도대체 뭘 먹어야 하는 거예요?"

"내가 처음에 인간이 불을 발견해서 요리를 하게 된 이야기를 했었지? 요리는 인류가 문명을 발전시키는데 영향을 끼쳤다고. 하지만 문명이 발달하면서 요리도 발달하고 사람들의 입맛도 달라졌어. 더 맛있는 음식, 더 풍부한 작물을 원했지. 그래서 화학조미료를 개발해서 더 맛있게 요리를 하고 유전자를 조작한 작물을 만들고, 다른 나라에서 수입해서 더 많은 식재료를 얻게 된 거야. 그 때문에 우리 밥상이 병들고 말았단다."

"그럼 어쩔 수 없이 그 음식들을 계속 먹어야 하는 거예요?"

"그렇지는 않아. 네가 먼저 할 수 있는 일은 패스트푸드를 줄이는 거야. 사람들은 바쁘고 귀찮다는 이유로 빠르고 간편하게 먹을 수 있는 햄버거나 피자, 냉동식품을 많이 먹잖아. 누가 어떻게 만들었는지도 모르는 음식들 말이야. 그런 음식 대신 가족의 건강을 생각해서 엄마가 직접 만드는 음식들, 건강한 재료로 만든 음식을 먹으면 되는 거지."

"집에서 먹는 김치, 된장찌개 같은 거요?"

"그렇지. 그리고 제철 식품을 먹고, 가능하면 우리나라의 농산물을 먹어야 해. 수입산 농산물은 푸드 마일리지가 너무 높아. 푸드 마일리지가 높은 식품은 첨가물이 많이 들어 있는데 말이야."

"푸드 마일리지? 그게 뭐예요?"

"비행기를 많이 타면 마일리지가 쌓인다고 하지? 마찬가지로 채소나 과일이 비행기나 배를 타고 이동한 거리를 푸드 마일리지라고 해. 푸드 마일리지는 식품의 무게에 수송 거리를 곱해서 구한단다. 이 값이 적을수록 농약과 약품을 적게 사용해. 왜냐하면 가까운 곳에서 생산한 농산물은 빨리 소비하니까, 농약이나 약품을 뿌릴 필요가 없거든. 반대로 수입 농산물처럼 생산지와 소비자의 거리가 멀수록 상하거나 무르면 안 되기 때문에 농약과 방부제를 많이 사용

하는 거고.”

"아하, 그래서 우리 농산물을 이용하라는 거예요?”

푸드 마일리지라는 말은 어려웠지만 왜 우리 농산물을 먹어야 하는지는 분명히 알겠더라고.

"그래, 푸드 마일리지가 가장 낮은 식품은 바로 구매자와 가장 가까이 있는 식품이야. 자신이 속한 지역의 농가에서 생산한 농산물을 직접 구매한 것을 '로컬 푸드'라고 해. 로컬 푸드는 식품의 이동거리를 대폭 감소시킬 수 있기 때문에 푸드 마일리지를 줄일 수 있어. 가까운 지역에서 생산된 식품이라고 해서 모두 농약을 사용하지 않는 건 아니야. 하지만 장거리를 이동하는 과정에서 사용하는 약품은 사용하지 않지. 뿐만 아니라 로컬푸드는 불필요한 운송비가 줄어들기 때문에 이산화탄소 발생으로 인한 지구 온난화도 막을 수도 있고.”

"마녀님! 우리 외할아버지는 옥상과 작은 텃밭에서 채소를 길러 드시는데, 그럼 그런 채소들이 푸드 마일리지가 가장 낮은 농산물이겠네요?”

"호호호, 그렇단다.”

"할아버지의 옥상과 텃밭에서 키운 농산물로는 필요한 채소를 다 얻을 수 없을 땐 마녀님이 말씀하신 로컬푸드를 이용해야 하는데 좀 찝찝해요.”

"왜? 뭐가 찜찜한데?"

"마녀님이 로컬푸드라고 해서 모두 농약을 사용하지 않는 건 아니라고 하셨잖아요."

"호호, 그동안 첨가물이 많이 든 음식을 그렇게 먹더니 이젠 농약이 걱정이야? 희지 같은 사람들이 늘어나면서 유기농 농산물을 찾는 일이 많아졌단다."

"유기농이요?"

"안전한 농산물을 위해 농가에서 유기농법으로 재배한 작물을 말하는 거야. 농약이나 살충제, 화학비료와 같은 화학제품을 적게 사용하고 대신, 두엄이나 미생물을 이용하여 농사를 짓는 방법을 말한단다. 화학 살충제를 사용하면 하천이 오염되고 땅속 깊은 곳까지 독성 물질이 스며들어 사람들이 마시는 식수에까지 영향을 끼치지. 하지만 유기농 재배법은 수많은 동물들이 사는 환경을 지켜 작물을 일정한 순서에 따라 교대로 재배하여 자연스럽게 흙을 비옥하게 만든단다. 그러니 자연에도 유익하지. 하하 낄낄."

"유기농도 종류가 많고, 농약을 전혀 안 쓰는 것은 아니지만 환경과 건강을 지킬 수 있다면 이런 유기농 농산물을 애용하는 것이 좋지 않을까?"

# 마녀의 노트

유기 농산물과 무농약 농산물

친환경 농산물 인증제도는 소비자에게 보다 안전한 친환경 농산물을 제공하기 위해 정부가 검사하여 인증해주는 제도이다.

유기 농산물
유기 농산물은 유기 합성농약과 화학비료를 전혀 사용하지 않고 재배한 농산물을 말한다. 여러해살이 작물은 최초 수확 전 3년, 그 외 작물은 씨앗을 심기 전 2년 동안 농사를 짓지 않고 땅에 휴식기를 준 다음에 재배한 100% 무공해 농산물에만 이 마크가 붙을 수 있다.

무농약 농산물
농약은 일체 사용하지 않고 화학비료는 권장량의 1/3 이내로 조금만 사용하여 재배한 농산물을 말한다.

※ 한때 친환경 인증에 '저농약 농산물' 인증도 포함되었지만 농약 사용을 조금이라도 허용하면 소비자들의 신뢰를 얻기 어렵고 혼선을 초래할 수 있다는 이유로 2015년에 폐지되었다. 현재는 재배 과정에서 농약을 한 방울이라도 사용했다면 친환경 인증 농산물이 될 수 없다.

나는 굶는데, 음식이 버려진다고?

"이렇게 사람들은 유기농으로 재배된 몸에 좋은 음식을 먹어야 한다고 하면서 한편으로는 그 음식을 다 먹지 않고 버리지."

나는 아까 뷔페식당에서 사람들이 다 먹지도 못할 거면서 쌓아 놓고 있던 음식이 생각났어.

"낄낄낄. 전국적으로 하루에 버려지는 음식물쓰레기가 1만 5680톤이야. 어마어마하지? 전체 생활쓰레기의 30%가 바로 음식물쓰레기라고. 음식물쓰레기는 단순히 음식 낭비가 아니야. 그 처리 비용이 엄청난 게 더 문제거든."

"쓰레기를 처리하는데도 돈이 든다고요?"

"당연하지. 그래서 사람들은 남은 음식을 활용할 수 있는 방안을 생각해냈지. 그중 하나가 바로 유기농 농사를 위한 퇴비야."

"아 정말요? 음식물 쓰레기로 퇴비를 만들 수 있다니 좋은 아이디어인 것 같아요."

"그래, 음식물쓰레기는 발열량이 높고 수분이 충분해서 비료로 이용할 수 있어. 영양소도 충분하고 말이야. 하지만 사람들이 음식을 짜게 먹기 때문에 음식물 쓰레기 역시 염분 농도가 너무 높아. 그리고 매운맛과 같은 향신료도 제거해야 하고. 이런 문제들을 해결한다면, 퇴비나

좋은 환경은 좋은 음식을 만든다

사료와 같은 유용한 자원으로 재활용이 가능하지. 하지만 아무리 그래도 음식물 쓰레기가 너무 많아서 모두 퇴비나 사료로 쓸 수 없어."

"근본적으로 음식물 쓰레기를 줄여야 한다는 거네요?"

"그래, 그게 가장 좋은 방법이지."

"끼이일낄낄."

갑자기 마법사가 신음소리를 냈어. 마녀와 나는 깜짝 놀라 마법사를 보았지.

"하흐흐하하. 음식이 버려져 쓰레기가 되어 넘쳐나는데 이 세상에는 굶어죽는 아이들이 많다는 게 안타까워."

"저도 알아요. 아까 수프가 끓는 동안 빗자루를 타고 몇 군데를 다녀왔는데 에티오피아에 갔었거든요. 그곳에서 굶어서 기운이 하나도 없는 아이를 만났어요. 마지막으로 중얼거린 말이 '인제라'였어요. 인제라는 그 나라 전통 음식이라는데. 너무 슬펐어요."

"이 세상에는 가난한 나라들이 많아. 그리고 분쟁이 일어나면 그 나라의 아이들은 먹을 것이 없어 굶게 되지. 더 놀라운 사실을 알려줄까? 이렇게 아이들이 굶는 동안 전 세계에서 수확되는 옥수수의 4분의 1을 부유한 나라의 소가 먹는다는 거야."

"소요? 소고기, 돼지고기 할 때, 그

소요?"

"그래, 그 소. 먹을 것이 없어 굶주려 죽어가는 아이들이 있는 반대편에서는 사람들이 먹을 소를 키우기 위해 곡류가 소비되고 있어."

에티오피아의 그 어린 소년이 계속 머릿속을 맴돌았어.

"도와줄 방법이 없을까요?"

나는 굶어죽는 아이들에게 뭔가 도움을 주고 싶었어.

"기아 문제에 대한 책임감을 느끼고 후원 프로그램에 참여하면 직접적인 도움을 줄 수 있어. 지금 당장 할 수 있는 건 음식을 낭비하지 않는 일이고."

고개를 끄덕끄덕. 나는 비록 맛은 지독했지만 남은 수프를 남김없이 싹싹 먹었어.

토론왕 되기!

유전자 조작 식품 먹어도 될까?

유전자 조작 식품은 이제 영화에서나 나오는 말이 아니다. 당장 마트나 시장에 가면 유전자를 조작해 생산한 농산물로 만든 식품을 만날수 있다. 특히 통조림과 같은 가공식품은 대부분 유전자 조작 농작물을 이용해 만들어진다. 유전자 조작 농산물로 만들어진 식품들은 이렇게 일상 생활 가까이에 있지만 막상 이것을 먹어도 되는 것인지에 대해 논란의 여지가 있다.

유전자 조작 식품의 안정성에 대해 양측의 주장이 엇갈리고 있다. 먼저, 안전하다고 주장하는 이들은 유전자 조작 농작물은 필요한 유전자만 선택적으로 골라서 조작하기 때문에 인체에 유해한 다른 성분을 생산하지 않으며, 유전자 조작 식품이 인체에 유해하다는 명백한 증거가 없다고 주장한다. 하지만 반대 의견도 만만치 않다. 유전자는 독자적으로 그 특징을 나타내고 발현되지 않는다는 것이다. 유전자는 호르몬의 신호와 재배 환경, 영양소 등 복합적인 작용에 의해 그 성질이 나타나기 때문에 조작 의도와는 다른 특징을 보이는 경우가 많다. 또 다른 문제가 있다. 생소한 미생물이나 동식물의 유전자를 농산물 속에 넣으면 지금까지 먹지 않았던 것을 인간이 먹게 되는 것이다. 이는 당장은 문제가 없어 보이지만, 몇 세대 후에 어떤 결과로 나타날지 알 수 없다.

유전자 조작 식품의 긍정적인 영향으로 지구의 식량 문제를 해결할 수 있다는 의견도 있다. 병충해에 강하고 유통 과정에서 손실이 적어 식량 문제 해결에 도움이 된다는 것이다. 하지만 현재 굶주림 문제는 식량 부족이 원인이 아니라는 것이 일반적이다. 2019~2020년도 세계 곡물 생산량은 27억t으로 전체 인구 76억 4천만 명에게 353kg씩 돌아갈 만큼의 양이었다. 하지만 기아는 사라지지 않았다. 곡물 생산량이 부족해서가 아니라, 국가 간의 경제 불평등과 내전, 선진국의 육류 중심의 식생활, 국제 시세 조정을 위해 곡물이 버려졌고 그로 인해 기아가 발생했기 때문에 기아문제 해결과 유전자 조작 식품과는 관련이 없다는 것이다.

사실 유전자 조작으로 생산된 작물의 가장 큰 장점으로 이야기되는 것은 스스로 살충 성분을 생산한다는 것이다. 이로 인해 농약과 제초제의 사용량이 줄고 토지와 수질 오염을 줄일 수 있다. 그러나 아무리 유전자 조작으로 살충 성분을 가진 작물이 있다고 하더라도 이 작물에 저항성을 가진 해충은 반드시 나타날 것이다. 또한 유전자 조작 농산물은 한 번 재배되면 통제할 수 없다. 유전자 조작 작물로 유명한 옥수수를 예로 들면, 일반 옥수수가 재배되는 밭에 유전자 조작 옥수수의 씨앗이 자리를 잡고 자라는 경우가 많다. 농부의 의도와 상관없이 유전자 조작 옥수수가 뿌리를 내리는 것이다. 우리나라 인천공항 주변에도 GMO 옥수수가 자생하는 것으로 확인된 바 있다. 우리나라에서도 이러한 사항에 대해 잘 알고 유전자 조작 식품에 대한 깊이 있는 논의가 이루어져야 할 것이다.

에필로그

"희지야! 어서 일어나!"

누군가 날 흔들어 깨웠어.

"마녀님?"

"이젠 엄마가 마녀로 보이니? 희지 너! 라면은 또 어떻게 찾은 거야? 하라는 공부는 안 하고 마음대로 텔레비전이나 보고 잠이나 자고!"

라면부스러기는 여기저기 널려 있고 텔레비전은 치이익거리고 있었지.

"엄마, 희수 배 아픈 건 괜찮아요?"

"네가 희수가 아픈 걸 어떻게 알았니?"

꿈이 아니었구나! 내가 정말 마녀님을 만났던 걸까? 그런데 내가 어떻게 다시 집에 왔을까? 분명 마법 수프를 먹고 있었는데.

"뭐해? 어서 씻고 자!"

나는 어떻게 텔레비전 밖으로 나왔는지 아무리 생각해도 기억나지 않았어. 마법 수프를 먹은 것까지는 기억이 나는데 말이지. 엄마 말대로 방에 들어 가서 잠이 들었는데 누군가 나를 또 깨우는 소리가 들렸어.

"희지야! 어서 일어나."

고개를 들어 주위를 둘러보았지만 아무도 없었지. 거실로 나왔지만, 거실에도 아무도 없었고. 안방 문도 화장실 문도 모두 닫혀 있었어. 모두가 잠든 깜깜한 밤이었는데 텔레비전만 켜진 채 치이익거리고 있었어.

나는 리모컨으로 텔레비전을 끄려고 했어.

"희지야!"

그때 또 누군가 날 불렀지.

"누, 누구세요?"

섬뜩해서 주변을 둘러보는데, 텔레비전에서 갑자기 마녀가 나타난 거야.

"어? 마녀님!"

"내가 정말 궁금해서 못 살겠다."

"뭐가요?"

"희지 네 소원 말이야. 무슨 소원을 빌었는지 궁금해서 일이 손에 잡히지 않아서 이렇게 다시 왔어. 호호. 대체 소원을 빌었니?"

"내 소원인데 마녀님이 왜 궁금해요? 안 가르쳐 줄 거예요! 그건 그렇고, 어떻게 제가 우리 집으로 왔어요? 마녀님의 빗자루를 타고 왔어요? 아니면 마법사님의 망토? 제가 마녀님이 계신 곳에 다시 갈 수 있나요?"

"나도 안 가르쳐 줘! 네 소원이 뭐였는지 말해 주면 가르쳐 주지."

"에이, 치사해! 마녀님이 먼저 가르쳐 주면 저도 말할 게요!"

"싫어, 네가 먼저 말해!"

"싫어요! 마녀님이 먼저 말해 줘요. 말도 안 해주고 사라지시면 어떻게 해요."

"네가 먼저!"

"마녀님이 먼저!"

그때 안방 문이 열리고 엄마가 나오셨어.

"뭐가 이렇게 시끄러워? 희지 너 아직 잠 안 자고 뭐해? 텔레비전은 왜 또 틀었어?"

텔레비전은 아무 화면도 잡히지 않은 채 여전히 치이익 거리고 있었어.

"화장실 가려고 잠깐 깼어요. 텔레비전은 제가 끌게요, 얼른 주무세요."

엄마가 방에 들어가자마자 나는 텔레비전 채널을 여기저기 돌려보았지만 결국 마녀는 다시 나타나지 않았어.

어쨌든 나는 마녀 아줌마를 만난 뒤로 변했어. 더 이상 패스트푸드를 먹지 않아. 문방구에서 파는 불량식품도 말이야. 대신 외할아버지가 텃밭에서 키워 보내 주신 고구마를 먹어. 푸드 마일리지가 가장 낮은 음식이잖아, 히히. 내가 요즘 제일 좋아하는 간식이야. 그 전에는 몰랐는데 고구마가 정말 달콤하고 맛있더라. 그동안 나는 만성 변비였는데, 패스트푸드를 안 먹으니 똥이 잘 나오는 거야. 더럽게 생각하지 마. 덕분에 내 몸무게가 2kg이나 빠졌다고.

그리고 그동안은 군것질하는 데 엄마가 주신 용돈을 다 썼지만, 요즘엔 차곡차곡 모으고 있어. 그걸로 뭐할 거냐고? 기아 어린이들을 후원하려고. 헤헤.

소원 수프를 먹을 때 빈 내 소원을 말해 줄까? 바로 이 세상에서 배가 고파 죽는 어린이가 없게 해달라고 거였어. 마지막 한마디가 인제라, 가 되어서는 안 된다고. 그나저나 후회되네. 마녀님이 무슨 소원을 빌었냐고 물었을 때 말해 줄걸. 그랬다면 마녀님이 계신 곳에 다시 갈 수도 있었을 텐데……. 마녀님을 다시 만날 수 있을지 없을지 모르지만 혹시 다시 만난다면, 마녀님과 마법사님이 알려 주신 덕분에 좋은 음식을 먹게 되었다고 꼭 고맙다고 인사를 하려고. 그래서 앞으로도 좋은 음식만 먹을 거야. 그때쯤이면 살이 더 많이 빠져 있을 테니 마녀님이 더 이상 돼지라고 놀리지도 않겠지?

빈칸 채우기

빈칸에 유기 농산물과 무농약 농산물 설명을 올바르게 채워 넣어 보세요.

유기농산물 (ORGANIC) 농림축산식품부

농약과 화학비료를 전혀 사용하지 않고 자연의 힘으로 키운 농산물을 말한다. (❶   )은 3년, 그 외 작물은 2년 동안 농사를 짓지 않고 땅에게 휴식기를 가진 다음 재배한 100%무공해 농산물에만 이 마크가 붙을 수 있다.

무농약 (NON PESTICIDE) 농림축산식품부

농약은 일체 사용하지 않고 화학비료는 권장량의 (❷   ) 이내로 조금만 사용하여 재배한 농산물을 말한다.

정답 ❶ 다년생이 작물 ❷ 1/3

음식 관련 사이트

건강한 식탁 www.dietnote.co.kr
다양한 영양소의 종류와 특성을 알기 쉽게 설명하고 있습니다. 그리고 영양권장량의 의미에 대해서 어떤 영양소를 얼마나 먹어야 하는지 상세히 이야기하고 있지요. 특히 사람이 성장하고 나이가 들면서 그 나이에 어떤 영양소를 어떻게 먹어야 하는지 잘 보여주고 있습니다.

세계음식문화연구원 www.wfcc.or.kr
음식과 문화에 관한 다양한 프로그램을 운영하는 단체의 사이트입니다. 또한 우리나라 음식을 개발하고 연구해 널리 알리는 것은 물론 세계화하기 위해 노력하고 있는 단체이지요. 청소년 다문화 체험 프로그램이나 음식 박람회 등 음식에 관한 다양한 체험을 신청하여 참여할 수 있습니다.

바른식습관연구소 www.foodcoach.co.kr
어린이들의 영양 교육, 식사예절 교육, 요리 놀이 체험 등 음식과 영양소에 관해 다양한 정보를 제공하고 있는 인터넷 사이트입니다. 특히 편식하는 어린이를 위해 편식에 대한 다양한 정보를 제공하고 있지요. 편식은 왜 하면 안 되는지, 편식을 고치려면 어떻게 해야 하는지 등과 관련된 정보와 편식을 고치는데 도움을 주는 프로그램을 함께 운영하고 있습니다.

어려운 용어를 파헤치자!

가공식품 농산물, 축산물, 수산물 따위를 인공적으로 처리하여 만든 식품. 보존과 조리가 간편하다.

간디(1869~1948) 인도의 정치가·민족 운동 지도자. 런던 대학에서 법률을 배운 후 남아프리카 원주민의 자유 획득을 위하여 활동하였고, 1915년에 귀국하여 무저항·불복종·비폭력·비협력주의에 의한 독립 운동을 지도하였다.

고리타분하다 하는 짓이나 성미, 분위기 따위가 새롭지 못하고 답답하다.

도살 짐승을 잡아 죽임.

매개체 둘 사이에서 어떤 일을 맺어 주는 것.

소싯적 젊었을 때.

소화 섭취한 음식물을 분해하여 영양분을 흡수하기 쉬운 형태로 변화시키는 일. 또는 그런 작용. 음식물을 씹는 작용에 의한 기계적 소화와 소화 효소에 의한 화학적 소화가 있다.

소화기관 음식물을 소화하고 흡수하는 기관.

야크 솟과의 하나. 소와 비슷한데 어깨의 높이는 2미터 정도이며 몸 아랫면에 긴 털이 나 있다. 야생종의 털빛은 검은 갈색이고, 가축화된 것은 흑백 무늬가 있는데 흰색인 것도 있다. 다리가 짧고 암수 모두 위로 굽은 뿔이 있다. 농삿일에 이용하고 고기와 젖은 식용하고 털은 직물로 쓰는데, 티베트 고원이나 북인도·히말라야 지방이 원산지이다.

일가견 어떤 문제에 대하여 독자적인 경지나 체계를 이룬 생각.

패스트푸드(fast food) 주문하면 즉시 완성되어 나오는 식품을 통틀어 이르는 말. 햄버거, 프라이드치킨 따위를 이른다.

편식 어떤 특정한 음식만을 가려서 즐겨 먹음.

헤치다 속에 든 물건을 드러나게 하려고 덮인 것을 파거나 젖히다.

한몫하다 한 사람으로서 맡은 역할을 충분히 하다.

화식 불에 익힌 음식을 먹음. 또는 그 음식.

효소 생물의 세포 안에서 합성되어 거의 모든 화학 반응의 촉매 구실을 하는 화합물.

신나는 토론을 위한 맞춤 가이드

음식에 대한 이야기를 재미있게 읽었나요? 이제 음식에 관한 한 박사가 다 되었다고요? 그 전에 마지막 단계인 토론을 잊지 마세요. 토론을 잘하려면 올바른 지식과 다양한 정보가 바탕이 되어야 해요. 책을 다 읽고 친구 또는 엄마와 함께 신 나게 토론해 봐요!

잠깐! 토론과 토의는 뭐가 다르지?

토론과 토의는 모두 어떤 문제를 해결하기 위해 의견을 나누는 일입니다. 하지만 주제와 형식이 조금씩 달라요. 토의는 여러 사람의 다양한 의견을 한데 모아 협동하는 일이, 토론은 논리적인 근거로 상대방을 설득하는 일이 중요합니다. 토의는 누군가를 설득하거나 이겨야 하는 것이 아니기 때문에 서로 협력해서 생각의 폭을 넓히고 좋은 결정을 내릴 때 필요해요. 반면 토론은 한 문제를 놓고 찬성과 반대로 나뉘어 서로 대립하는 과정을 거치지요.
넓은 의미에서 토론은 토의까지 포함하는 경우가 많습니다. 토론과 토의 모두 논리적으로 생각 체계를 세우고, 사고력과 창의성을 높이는 데 도움을 준답니다.

토론의 올바른 자세

말하는 사람
1. 자신의 말이 잘 전달되도록 또박또박 말해요.
2. 바닥이나 책상을 보지 말고 앞을 보고 말해요.
3. 상대방이 자신의 주장과 달라도 존중해 주어요.
4. 주어진 시간에만 말을 해요.
5. 할 말을 미리 간단히 적어 두면 좋아요.

듣는 사람
1. 상대방에게 집중하면서 어떤 말을 하는지 열심히 들어요.
2. 비스듬히 앉지 말고 단정한 자세를 해요.
3. 상대방이 말하는 중간에 끼어들지 않아요.
4. 다른 사람과 떠들거나 딴짓을 하지 않아요.
5. 상대방의 말을 적으며 자기 생각과 비교해 봐요.

음식을 골고루 먹어요

사람이 살아가는데 꼭 필요한 무기질은 어떤 종류가 있고, 어떤 음식에 많이 들어 있을까요? 빈 칸에 알맞은 말을 넣어 봅시다.

(❶   )
우유, 유제품, 콩, 정어리, 연어, 호두, 해바라기 씨 등

(❷   )
녹색채소, 우유, 고기, 땅콩 등

(❸   )
고기, 채소, 우유 등

황
소고기, 콩류, 어류, 달걀, (❹   ) 등

(❺   )
김, 다시마, 미역 등

음식물 쓰레기로 버리면 안 되는 것들

우리나라는 1995년부터 음식물 쓰레기 종량제를 시행하였어요. 음식물 쓰레기 발생량을 줄이기 위해서이지요. 다음 기사를 읽고 음식물 쓰레기에 대해 생각해 보아요.

    5일 환경부에 따르면 2011년 수거된 음식물쓰레기 1만3537t의 95%는 사료나 퇴비, 바이오가스로 전환됐다. 하지만 살충제 등 화학물질에 오염된 음식물쓰레기는 이런 재활용이 불가능하다. 자연 부패해 쉽게 분해되는 물질만 음식물쓰레기로 배출하는 것도 중요하다. 동물 뼈나 어패류 껍데기, 계란 또는 견과류 껍데기, 복숭아씨, 카페인 성분을 포함한 차와 한약재 등은 자연분해가 어려워 일반 쓰레기로 버려야 한다.

    음식물쓰레기를 버릴 때 물기를 제거해 부피를 줄이는 것도 중요하다. 종량제 시행으로 버리는 만큼 처리 수수료 부담도 커지기 때문이다. 과일껍질 등 식물성 쓰레기는 햇볕에 말리고 찌개류는 국물을 버리고 남은 찌꺼기의 물기를 짜낸 후 버리는 게 좋다.

    베란다나 마당에 화초 또는 텃밭을 가꾸는 가정은 지렁이를 활용하면 쓰레기를 좀 더 친환경적으로 처리할 수 있다. 스티로폼이나 플라스틱통으로 만든 배양상자에 지렁이를 키우며 수분과 소금기를 제거한 과일 껍질, 채소류, 계란 껍데기 등을 잘게 썰어 먹이로 주는 것이다. 이 음식물을 먹은 지렁이가 배설하는 분변토에는 수천 마리의 이로운 세균과 효소가 포함돼 있어 유기농 비료로 활용할 수 있다.

    과일이나 야채 껍질을 살림에 활용할 수도 있다. 오래돼 굳어버린 조미료통에 사과 껍질을 넣고 밀봉한 채 하루쯤 두면 조미료가 부드럽게 풀어진다. 그을음이 생기거나 까맣게 음식이 눌어붙은 냄비를 세척할 때도 사과껍질을 쓰면 잘 닦인다.

동아일보 2013/09/06

1. 음식물 쓰레기가 아니라 일반 쓰레기로 버려야 하는 것은 어떤 것이 있나요?

2. 음식물 쓰레기를 버리지 않고 활용하는 방법에는 어떤 것이 있나요? 가정에서 할 수 있는 것을 이야기해 봅시다.

3. 음식물 쓰레기 종량제를 실시해도 여전히 일반 비닐 봉지에 음식물을 담아 몰래 내다버리는 사람들이 있어요. 어떻게 하면 불법으로 음식물 쓰레기를 버리는 일을 막을 수 있을까요? 좋은 아이디어가 있다면 친구들과 이야기해 봅시다.

초식하던 초기 인류, 고기에 손을 대다!

인류는 언제부터 고기를 먹었을까요? 고기를 먹은 다음 인류에게 일어난 변화에 대해 이야기해 봅시다.

400만~500만 년 전에 나타나기 시작한 초기 인류는 분명히 다른 유인원처럼 채식 위주의 식생활을 했습니다. 화석을 보면 어금니가 크고 깊숙한 모양의 턱뼈를 지니고 있는데 이것은 많은 양의 음식물을 수없이 씹어 먹었을 때 보이는 특징입니다. 즉, 채식의 증거이지요.

그러나 적어도 170만 년 전쯤에는 상황이 변했다는 사실이 화석을 통해 드러났습니다. 일단 고기를 먹기 시작하자 인류에게 놀라운 일이 일어났습니다. 고지방 식품을 섭취하면서 초기 인류의 뇌가 점점 커진 것입니다. 뇌는 '제작비'와 '유지비'가 많이 드는 기관입니다. 그에 상응하는 영양 섭취가 반드시 필요합니다. 뇌가 커지면서 인류의 몸집도 함께 커지게 됐습니다.

400만~500만 년 전 초기 인류의 뇌 크기는 현생 침팬지와 비슷한 400~500cc였습니다. 그 뒤에 나타난, '손재주가 있던' 호모하빌리스의 뇌 크기는 750cc가량으로 커졌습니다. 하지만 이때까지만 해도 초기 인류의 몸집은 여전히 100cm 전후로 작았습니다. 하지만 '완전히 직립보행을 했던' 호모에렉투스에 이르러 두뇌는 1000cc, 몸집은 170cm까지 커졌습니다.

큰 두뇌와 큰 몸집을 갖춘 인류는 그제야 비로소 살아있는 동물을 잡아먹을 수 있게 됐습니다. 뛰어난 전략과 체력, 그리고 석기 덕분에 잡을 수 있는 짐승의 수도 점점 늘어났습니다. 이런 변화는 또다시 고기 섭취가 늘어나게 했습니다. 그러자 마지막 변화가 나타났습니다. 채식에 길들여져 있던 몸이 기름진 음식을 소화할 수 있도록 유전자가 변화했습니다. 혈관에서 기름기(지질·脂質)를 제거해 피를 깨끗하게 유지할 수 있도록 도와주는 특정한 아포지방단백질 유전자가 150만 년 전에 생겨난 것입니다.

동아일보 2012/05/19

1. 초기 인류는 채식을 했습니다. 그 증거로 제시되는 것은 무엇인가요?

2. 인류의 뇌가 커진 과정을 설명해 봅시다.

3. 인류는 육식을 하면서 뇌와 몸집의 크기 유전자 등에 변화가 생겼습니다. 본문 내용 이외에도 인류가 겪은 또 다른 변화에는 무엇이 있을까요? 다른 도서나 인터넷 검색을 통해 정보를 찾아봅시다.

창의력 키우기

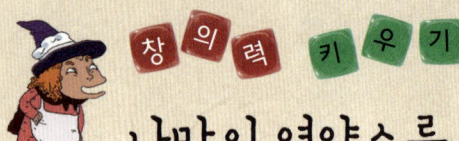

나만의 영양소를 만들어 봅시다.

음식을 골고루 먹으면 내 몸에 필요한 영양소를 얻을 수 있지요. 만약 이렇게 해도 영양소가 부족하다면 영양보충제를 먹어서 영양소를 채웁니다. 만약, 내가 갖고 싶은 능력을 키워주는 영양소가 있다면, 어떤 영양소를 갖고 싶은지, 어떤 효과가 있는지 상상해서 적어 봅시다.

예시 답안

음식을 골고루 먹어요
1. 칼슘 2. 마그네슘 3. 칼륨 4. 양배추 5. 요오드

음식물 쓰레기로 버리면 안 되는 것들
1. 동물 뼈나 어패류 껍데기, 계란 또는 견과류 껍데기, 복숭아씨, 카페인 성분을 포함한 차와 한약재
2. 베란다나 텃밭을 키운다면 지렁이를 이용하면 된다. 수분과 소금기를 제거한 과일껍질이나 채소류를 잘게 썰어 지렁이의 먹이로 주면 된다. 오래되어 굳은 조미료통에 사과껍질을 넣고 밀봉하면 조미료가 풀어지고 음식이 눌어붙은 냄비를 세척할 때 사과껍질로 닦으면 깨끗하게 된다.

초식하던 초기 인류, 고기에 손을 대다!
1. 화석을 보면 어금니가 크고 깊숙한 모양의 턱뼈를 지니고 있는데 이것은 많은 양의 음식물을 수없이 씹어 먹었을 때 보이는 특징이다.
2. 고기 등의 고지방 식품을 섭취하면서 초기 인류의 뇌가 점점 커졌다. 초기 인류의 뇌 크기는 현생 침팬지와 비슷한 400~500cc였다. 그 뒤에 나타난, '손재주가 있던' 호모하빌리스의 뇌 크기는 750cc가량으로 커졌지만 이때까지만 해도 초기 인류의 몸집은 여전히 100cm 전후로 작았다. 하지만 '완전히 직립보행을 했던' 호모에렉투스에 이르러 두뇌는 1000cc, 몸집은 170cm까지 커졌다.

글쓴이 김주희

골목이 많은 서울에서 자라면서 모퉁이를 돌면 어떤 일이 벌어지고 어떤 사람들을 만나게 될까? 상상하며 이야기를 만들곤 했어요. 2003년 「소꿉놀이」로 제6회 창비신인소설상을 받고 등단하여 소설을 쓰게 됐답니다. 『철학자가 들려주는 철학이야기』시리즈의 작업에 참여하면서 어린이 책에도 많은 관심을 갖게 되었지요. 문득 고개를 돌리거나 무심코 골목 모퉁이를 돌면 여러분이 상상하는 이야기가 펼쳐질지도 몰라요. 활~짝!

그린이 김규준

미술교육과를 졸업하고 교원과 대학교과서 학습 일러스트를 그렸고, 광고 및 영화의 시나리오 스토리보드를 그리기도 했습니다. 애니메이션 잡지 「뉴타입」에 그림을 연재하는 등 다양한 일러스트레이션 작업을 했습니다. 그린 책으로는 《백범 기념관》, 《행복한 I》, 《토쿠와 마법액자》, 《아낄수록 밝아지는 에너지》가 있습니다.

초등 과학동아 토론왕 시리즈 ❷ 과학 Cook! 문화 Cook! 음식의 세계

- 이 책에 실린 일부 내용은 《과학동아》, 《어린이과학동아》에 게재된 기사를 재인용하였습니다.
- 이 책에 실린 사진은 다음과 같이 기관으로부터 게재 허가를 받았습니다. (가나다 순)
다만 출처를 잘못 알고 실은 사진이 있는 경우 해당 저작권자와 적법한 계약을 맺을 것입니다.

동아일보
위키피디아